PSYCHODYNAMIK Kompakt

Herausgegeben von
Franz Resch und Inge Seiffge-Krenke

Jürgen Grieser

Der kreative Prozess aus psychoanalytischer Sicht

Mit 2 Abbildungen

Vandenhoeck & Ruprecht

Bibliografische Information der Deutschen Nationalbibliothek:
Die Deutsche Nationalbibliothek verzeichnet diese Publikation in der
Deutschen Nationalbibliografie; detaillierte bibliografische Daten sind
im Internet über https://dnb.de abrufbar.

© 2020, Vandenhoeck & Ruprecht GmbH & Co. KG,
Theaterstraße 13, D-37073 Göttingen
Alle Rechte vorbehalten. Das Werk und seine Teile sind urheberrechtlich
geschützt. Jede Verwertung in anderen als den gesetzlich zugelassenen Fällen
bedarf der vorherigen schriftlichen Einwilligung des Verlages.

Umschlagabbildung: Paul Klee, Träger für ein Schild, 1934/akg-images

Satz: SchwabScantechnik, Göttingen
Druck und Bindung: ⊕ Hubert & Co. BuchPartner, Göttingen
Printed in the EU

Vandenhoeck & Ruprecht Verlag | www.vandenhoeck-ruprecht-verlage.com

ISSN 2566-6401
ISBN 978-3-525-40646-5

Inhalt

Vorwort zur Reihe 7
Vorwort zum Band 9

Schöpferische Kreativität und Alltagskreativität 12
Sublimierung und Spiel 16
Zerstörung und Wiedergutmachung 18
Die Wiedererschaffung des Verlorenen als Symbol 21
Kreativität als natürliches Verhältnis zur Welt 25
Kreativität und Krise 30
Geburt und Vergänglichkeit als Antrieb der Kreativität 35
Symbolisierung und Triangulierung 39
Modi der Symbolisierung 42
Der Schutz des Symbolischen und das Bedürfnis nach
   Schönheit 47
Angst im kreativen Prozess 51
Das Werk als Container des Unbewussten 54
Das Werk als Selbst und Objekt 57
Überschreiten der Grenzen 62
Künstliche Melancholie 66
Entstehen und vergehen lassen 68
Psychotherapie und Kreativität 70
Schlussgedanken 72
Literatur 74

Vorwort zur Reihe

Zielsetzung von PSYCHODYNAMIK KOMPAKT ist es, alle psychotherapeutisch Interessierten, die in verschiedenen Settings mit unterschiedlichen Klientengruppen arbeiten, zu aktuellen und wichtigen Fragestellungen anzusprechen. Die Reihe soll Diskussionsgrundlagen liefern, den Forschungsstand aufarbeiten, Therapieerfahrungen vermitteln und neue Konzepte vorstellen: theoretisch fundiert, kurz, bündig und praxistauglich.

Die Psychoanalyse hat nicht nur historisch beeindruckende Modellvorstellungen für das Verständnis und die psychotherapeutische Behandlung von Patienten und Patientinnen hervorgebracht. In den letzten Jahren sind neue Entwicklungen hinzugekommen, die klassische Konzepte erweitern, ergänzen und für den therapeutischen Alltag fruchtbar machen. Psychodynamisch denken und handeln ist mehr und mehr in verschiedensten Berufsfeldern gefordert, nicht nur in den klassischen psychotherapeutischen Angeboten. Mit einer schlanken Handreichung von 70 bis 80 Seiten je Band kann sich die Leserin, der Leser schnell und kompetent zu den unterschiedlichen Themen auf den Stand bringen.

Themenschwerpunkte sind unter anderem:
- *Kernbegriffe und Konzepte* wie zum Beispiel therapeutische Haltung und therapeutische Beziehung, Widerstand und Abwehr, Interventionsformen, Arbeitsbündnis, Übertragung und Gegenübertragung, Trauma, Mitgefühl und Achtsamkeit, Autonomie und Selbstbestimmung, Bindung.
- *Neuere und integrative Konzepte und Behandlungsansätze* wie zum Beispiel Übertragungsfokussierte Psychotherapie, Schema-

therapie, Mentalisierungsbasierte Therapie, Traumatherapie, internetbasierte Therapie, Psychotherapie und Pharmakotherapie, Verhaltenstherapie und psychodynamische Ansätze.
- *Störungsbezogene Behandlungsansätze* wie zum Beispiel Dissoziation und Traumatisierung, Persönlichkeitsstörungen, Essstörungen, Borderline-Störungen bei Männern, autistische Störungen, ADHS bei Frauen.
- *Lösungen für Problemsituationen in Behandlungen* wie zum Beispiel bei Beginn und Ende der Therapie, suizidalen Gefährdungen, Schweigen, Verweigern, Agieren, Therapieabbrüchen; Kunst als therapeutisches Medium, Symbolisierung und Kreativität, Umgang mit Grenzen.
- *Arbeitsfelder jenseits klassischer Settings* wie zum Beispiel Supervision, psychodynamische Beratung, Soziale Arbeit, Arbeit mit Geflüchteten und Migranten, Psychotherapie im Alter, die Arbeit mit Angehörigen, Eltern, Familien, Gruppen, Eltern-Säuglings-Kleinkind-Psychotherapie.
- *Berufsbild, Effektivität, Evaluation* wie zum Beispiel zentrale Wirkprinzipien psychodynamischer Therapie, psychotherapeutische Identität, Psychotherapieforschung.

Alle Themen werden von ausgewiesenen Expertinnen und Experten bearbeitet. Die Bände enthalten Fallbeispiele und konkrete Umsetzungen für psychodynamisches Arbeiten. Ziel ist es, auch jenseits des therapeutischen Schulendenkens psychodynamische Konzepte verstehbar zu machen, deren Wirkprinzipien und Praxisfelder aufzuzeigen und damit für alle Therapeutinnen und Therapeuten eine gemeinsame Verständnisgrundlage zu schaffen, die den Dialog befördern kann.

Franz Resch und Inge Seiffge-Krenke

Vorwort zum Band

Kreativität heißt, von sich absehen zu können. So wird der Maler Anselm Kiefer zitiert: »[…] oft muss ich dann das Bild in einen Zustand versetzen, in dem ich nicht mehr an seiner Entstehung beteiligt bin.« Sich dem Prozess der Kreativität mit psychodynamischem Hintergrund zu nähern, ist ein mutiges, aber keineswegs aussichtsloses Unterfangen. Schon das, was unter »Kreativität« zu verstehen ist, bleibt vielfältig. Der schöpferischen Begabung von Kunstschaffenden, Wissenschaftlern, Erfindern und Führungspersönlichkeiten ist eine Alltagskreativität gegenüberzustellen, die als Fähigkeit jeden Menschen auszeichnet, der die Herausforderungen seines Lebens konstruktiv meistert.

Auch ein Blick in die Geschichte der Psychoanalyse zeigt, wie unterschiedlich das Kreative bei den einzelnen Protagonisten und Protagonistinnen interpretiert wird. Freud und Klein, die das Kreative auf libidinös-sexuelle oder destruktive Triebimpulse zurückführen, stehen Rank, Erikson und Winnicott gegenüber, die in der Kreativität eine eigenständige Zugangsweise des Menschen zur Welt sehen, der eine primäre Freude am Gestalten und Schaffen von Neuem zugrunde liegt. Und doch ist festzuhalten, dass sich der kreative Prozess in der Regel krisenhaft entfaltet. Das allgemeine Modell der kreativen Krise von Ruff kennzeichnet fünf Phasen, die in der Manifestation eines Mangels ihren Ausgang nehmen. Bisherige Lösungen sind in Frage gestellt. Daraus entstehen Verunsicherung und innerer Druck, sodass die Ich-Grenzen durchlässiger werden. Subjektiv wird dies als Leiden empfunden. Aus einer krisenhaften Zuspitzung konkretisiert sich eine neue – anfangs noch diffus erscheinende – Idee, ein neuer Entwurf. Dieses Neue muss nun ausgearbeitet und in die Tat umgesetzt werden, was auch eine gerichtete Aggression voraussetzt. Nicht jede neue Lösung ist auch eine gelungene Kreation: So können formale Übertriebenheiten oder nach Roland Barthes »plappernde Texte« entstehen, denen die Tiefe und ein Bezug zum Unbewussten fehlt.

Der in der Welt der Literatur und Kunst sehr bewanderte Autor macht sich nun auf die Suche nach den Motiven für Kreativität. Ein kreatives Werk kann Verbundenheit und Vereinheitlichung herstellen, um eine Grunderfahrung des Getrenntseins zu kompensieren. Sterbliche Menschen können nach Hannah Arendt so eine nicht sterbliche Heimat finden. Die Auseinandersetzung mit Vergänglichkeit bildet ein verlässliches Grundmotiv kulturellen Schaffens.

Das kreative Werk ist ein Ausdruck von Symbolisation: vom ersten Übergangsobjekt bis zum Kunstwerk. Die Beziehung zwischen dem Ich, dem Objekt und dem Symbol entspricht einem triangulären Verhältnis. Kreativität findet also nicht allein im Kopf des Individuums statt, sondern in der Interaktion zwischen dem individuellen Denken und einem soziokulturellen Kontext.

Unterschiedliche Modi der Symbolisierung, die auch einen Rückbezug auf die normale Entwicklung des Denkens beim Kind erlauben, leiten über zu der Frage, wie sehr das Symbol eine Schutzfunktion für das Selbst entfalten kann. Dem Bedürfnis nach Schönheit steht immer wieder auch eine Angst im kreativen Prozess gegenüber.

Das Werk als Gegenüber erzeugt einen intensiven Gefühlsaustausch mit dem Schöpfer, aber auch mit dem Betrachter oder der Leserin. Es ist das Abbild der Beziehung des kreativen Menschen zu seinem Motiv und existiert unabhängig vom Selbst, das es geschaffen hat. Dabei werden auch die Grenzen des Bisherigen überschritten. Der Frage der schöpferischen Qualität in der Psychotherapie wird zum Schluss nachgegangen. Das Thema der Beharrlichkeit im kreativen Prozess wird allgemein unterschätzt.

Ein kreativer geistiger Spaziergang, reich mit Bildern, Zitaten und Ideen bestückt. Eine Bereicherung für Therapeuten und Therapeutinnen auf der Suche nach neuen Anreizen und ein Beispiel von erfreulicher Bescheidenheit gegenüber der Kreativität der Patientinnen und Patienten.

Inge Seiffge-Krenke und Franz Resch

Schöpferische Kreativität und Alltagskreativität

Unter Kreativität wird zweierlei verstanden: einerseits die schöpferische Begabung und Gestaltungskraft von Menschen, die sich durch diese Fähigkeit besonders auszeichnen – Kunstschaffende, Wissenschaftler, Erfinder, Führungspersönlichkeiten –, andererseits aber auch die Fähigkeit eines jeden Menschen, mit den Herausforderungen des Lebens erfinderisch, neue Wege und Lösungen findend, eben kreativ, umzugehen. In diesem Sinne können eine kulturverändernde »*Größere Kreativität*« – »*Larger C*« – und eine primär individuell relevante »*kleinere Kreativität*« – »*smaller c*« – unterschieden werden (Kozbelt, Beghetto u. Runco, 2010, S. 23; Hervorh. J. G.).

Was wir heute unter Kreativität verstehen, wurde zunächst als das Schöpferische von Künstlern oder Dichtern, also als deren »Größere Kreativität«, thematisiert. Freud interessierte sich für die schöpferische Kreativität bedeutender Persönlichkeiten, wie zum Beispiel Leonardo da Vinci, wobei er zu dem Schluss kam, dass »das Wesen der künstlerischen Leistung uns psychoanalytisch unzugänglich« sei (1910c, S. 209), dass die Psychoanalyse zwar »die Äußerungen und die Einschränkungen« der Kreativität, nicht aber »die Tatsache der Künstlerschaft« selbst aufzuklären vermöge (S. 210).

Freud interessierte sich eher für die schöpferische Persönlichkeit als für den schöpferischen Prozess. Den Unterschied zwischen dem schöpferischen und dem neurotischen Menschen sah er darin, dass sich zwar beide vor den Anforderungen der Realität zurückziehen, aber nur der schöpferische Mensch aus diesem Rückzug dank seiner kreativen Schöpfung einen Weg in die Realität zurückfindet und damit erfolgreich sein kann. Der neurotische Mensch hingegen scheitert, kann keine konstruktiven Lösungen für seine inneren Konflikte finden und bleibt in seinen Lebensvollzügen gehemmt. Der Künstler wendet sich wie der Neurotiker zuerst von der Realität ab, »weil er sich mit dem von ihr zunächst geforderten Verzicht auf Triebbefriedigung nicht befreunden kann und seine erotischen und ehrgeizigen Wünsche im Phantasieleben gewähren läßt« (Freud, 1911b, S. 236). Nur der Künstler »findet aber den Rückweg aus dieser Phantasiewelt zur Realität, indem er dank besonderer Begabungen seine Phantasien zu einer neuen Art von Wirklichkeiten gestaltet, die von den Menschen als wertvolle Abbilder der Realität zur Geltung zugelassen werden. Er wird so auf eine gewisse Weise wirklich der Held, König, Schöpfer, Liebling, der er werden wollte, ohne den gewaltigen Umweg über die wirkliche Veränderung der Außenwelt einzuschlagen« (S. 236 f.).

Später kritisierte Winnicott Freuds Fokussierung auf die biografischen Determinanten des Schöpferischen von herausragenden Persönlichkeiten, auf dessen Interesse, etwa Parallelen zwischen Leonardo da Vincis Werk und bestimmten Ereignissen in dessen Kindheit oder zu seiner homosexuellen Neigung herzustellen. Doch führten nach Winnicott solche Einblicke in die Kreativität von Künstlern nicht zum Kern des Themas Kreativität, das nämlich im Sinne der »kleineren Kreativität« zu sehen sei, als Begabung eines jeden Menschen, in der zugleich seine ganz ursprüngliche Lebendigkeit zum Ausdruck kommt: »Die Kreativität, um die es mir hier geht, ist etwas Allgemeines. Sie gehört zum Lebendigsein« (Winnicott, 1974, S. 80), »zur Grundeinstellung des Individuums gegenüber der äußeren Realität« (S. 81). Die Kreativität stelle ein Werkzeug dar, über das jeder Mensch verfügt, um seiner Umwelt zu begegnen, egal ob Schöpfer eines bedeutenden Werkes oder eines gelungenen Mahls, »das zu Hause angerichtet wird« (S. 80).

Freud hatte sich zunächst auf die Arbeiten seines Schülers Rank zur Psychoanalyse des Künstlers bezogen, doch auch Rank interessierte sich wie später Winnicott viel mehr für das in der Kreativität liegende Potenzial eines jeden Menschen für eine gesunde Entwicklung wie auch für die Heilung von psychischen Störungen. Rank wie Winnicott waren überzeugt, dass erst die Kreativität dem Leben eine wirkliche tiefe Lebendigkeit verleiht und dass es um mehr gehe als um ein klinisch unauffälliges, »gesundes« Leben: »Wir können hoffen, durch künstlerischen Ausdruck mit unserem primitiven Selbst, aus dem die stärksten Gefühle und sogar schneidend scharfe Empfindungen stammen, in Berührung zu bleiben, und wir sind wirklich arm dran, wenn wir lediglich geistig gesund sind« (Winnicott, 1945/1983, S. 66).

Winnicott meinte, dass die Kreativität auch bei noch so mangelhaften Erfahrungen mit den frühen Bezugspersonen und noch so belastenden traumatischen Erfahrungen im Leben nie ganz zerstört werden, immer in irgendeinem Winkel der Person überleben könne. Und Rank erkannte selbst in der Neurose eine kreative Leistung, wenn auch eine misslungene. Sah Freud in der Kreativität ein der Neurose analoges, ihr überlegenes, weil vorübergehendes Ausweichen vor der Realität, eine Flucht in die Phantasie, so erklärten Rank und Winnicott die kreative Phantasiefähigkeit zur primären Begabung vor jeder Neurose und zum jedem Menschen verfügbaren Mittel der Bewältigung der Realität.

Diese unterschiedlichen Haltungen zur Kreativität führen Janus und Wirth (2000, S. 16) auf zwei konträre Menschenbilder in der Psychoanalyse zurück. In Freuds deterministischer Konzeption hatte die Vorstellung von einer nichtsexuellen, kreativen, das eigene Selbst gestaltenden Kraft keinen Platz, er sah den Menschen mit Schopenhauer den unbewussten Triebkräften des Es ausgeliefert. »Rank hat hingegen in Fortführung von Nietzsche den Willen als einen freien und bewußten Willen konzipiert, der sich als Erleben der eigenen ursprünglichen Vitalität im eigenen Ich realisiert und eine ›Idealbildung aus dem eigenen Selbst‹ ermöglicht. Der Mensch konstituiert sich selbst aus sich selbst in einem schöpferischen Willensakt. Deshalb wird bei Rank der Künstler zu einem Grundtypus des schöpferisch-kreativen Menschen« (S. 16).

Freud untersuchte Phänomene wie den Traum, das Phantasieren, die Illusion oder das Spiel nicht als Äußerungen einer eigenständigen, zum Lebendigsein gehörenden Gestaltungskraft des Menschen, sondern als aus der Not entstandene Abwehrbewegungen, die dazu dienen, die Konflikte zu bewältigen, die in der Konfrontation der Libido mit der Realität entstehen. Freud sah immer die Gefahr, dass sich der Mensch zu sehr der Illusion, dem Phantasieren oder dem Spiel als Ersatzbefriedigung hingeben könnte, um so den Anforderungen der Realität auszuweichen.

Sublimierung und Spiel

Wenn die Psychoanalyse schon »nichts zur Aufklärung der künstlerischen Begabung sagen« könne, wie Freud festhielt (1925d, S. 91), so könne sie doch die das Schöpferische energetisch unterhaltenden »Triebkräfte der Kunst« beschreiben, bei denen es sich um die Libido und die Konflikte, die aus der Konfrontation der libidinösen Wünsche mit der Realität entstehen, handle. Kreative Lösungen dieser Konflikte können über den Abwehrmechanismus der Sublimierung gefunden werden, der die Libido von ihren ursprünglichen sexuellen Zielen auf sekundäre, den ursprünglichen ähnliche, nun aber nichtsexuelle Ziele lenkt. Die Sublimierung ermöglicht ganz allgemein die Erschaffung von etwas konfliktbefreitem Neuem anstelle des konfliktträchtigen und deshalb gefährlichen ursprünglichen Wunsches und liegt damit der Erschaffung von Kultur und Zivilisation überhaupt zugrunde.

Freuds Gedanken zur Funktion des Spiels beschreiben auch seinen Zugang zu anderen kreativen Prozessen wie der Dichtung oder dem Träumen, die er immer durch Abwehrbedürfnisse des Ichs gegenüber aus dem Es stammenden Impulsen motiviert sieht. Im Spiel wird Erlebtes durch seine symbolische Darstellung und Wiederholung bewältigt, und die angstmachenden Impulse werden sublimiert und dadurch assimiliert und neutralisiert. Freud (1920 g) beschreibt dies am Beispiel des Spiels seines eineinhalbjährigen Enkels mit einer Fadenspule. Unermüdlich warf der Junge immer wieder eine Fadenspule über den Rand seines Bettes und zog sie am Faden wieder zu sich hoch. Ihr Wiedererscheinen begrüßte er jedes Mal mit einem freudigen Ausruf. In diesem Spiel des Verschwinden- und Wiederauftauchenlassens sah Freud die Wiederholung des vom Kind erlebten

Verschwindens und Wiederkommens der Mutter. In der Umkehr von der passiven in die aktive Rolle bewältigte das Kind die erlebte Ohnmacht, nun konnte es diese Veränderung selbst herbeiführen. Die Freude beim Wiedererscheinen des Objekts sah Freud als Ausdruck der gelungenen Wunscherfüllung, in der er einen Hauptmotor der Dynamik des Psychischen sah.

Das Spiel findet wie das künstlerische Schaffen oder das Träumen in einer von der Realität abgetrennten inneren Welt statt; hier kann das untergebracht werden, was in der äußeren Realität nicht bewältigt wird. Das »spielende Kind benimmt sich wie ein Dichter, indem es sich eine eigene Welt erschafft oder, richtiger gesagt, die Dinge seiner Welt in eine neue, ihm gefällige Ordnung versetzt« (Freud, 1908e, S. 214).

Diese Auffassung vom Spiel als motiviert durch Symbolisierung von Erlebtem, Wunscherfüllung und Abwehr wurde dann (z. B. durch Robert Waelder oder Erik H. Erikson, vgl. Schäfer, 2006) um den Gesichtspunkt erweitert, dass das Kind im Spiel nicht nur reaktiv traumatische Erfahrungen bewältigt, sondern auch progressiv Neues entwirft, neue Fähigkeiten einübt und Freude an seinem vitalen Tun und seinen Produkten erlebt. In gleichem Sinne wurde auch Freuds Traumtheorie geöffnet, die ebenfalls auf der Grundidee der Verarbeitung des Erlebten und der libidinös motivierten Suche nach Wunscherfüllung und den daraus entstehenden Konflikten und Abwehrnotwendigkeiten fußt, was die kreative »Funktion des Träumens letztlich auf die einer Art Abwehr« (Ermann, 2001, S. 45) reduziert. Heute wird der Traumarbeit ein erweitertes kreatives und progressives Potenzial zugeschrieben, sie wird – auch für andere kreative Vorgänge beispielhaft – als eine besondere Form des unbewussten Denkens gesehen, »das auf der Suche nach Problemlösungen ist, der Verarbeitung von Konflikten dient, neue Ideen schafft und seelisches Wachstum fördert« (Bohleber, 2019, S. 43).

Zerstörung und Wiedergutmachung

Auch Melanie Klein, die sich mit dem Spiel des Kindes als Medium der Kinderpsychoanalyse befasste, sah im Spiel nicht nur wie Freud Wunscherfüllung und Wiederholung und Bewältigung von Erlebtem, sondern auch Ausdruck primärer kindlicher Regungen wie Hass und Sadismus, für deren Bewältigung das Kind Symbolisierungsmöglichkeiten finden müsse. Dabei sieht Klein das spielende Kind (oder den kreativen Menschen im Allgemeinen) nicht wie Freud auf dem Rückzug vor den Anforderungen der Realität in die Phantasie, sondern umgekehrt auf dem Weg von seinen es verfolgenden Phantasien hin zur Realität: »Die früheste Realität des Kindes ist demnach eine ganz phantastische; es ist von Angstobjekten umgeben, wobei Exkremente, Organe, Objekte, leblose und lebendige Dinge zunächst einander äquivalent sind. Von dieser irrealen Realität geht schrittweise im Einklang mit der Ichentwicklung die Herstellung einer wirklichen Realitätsbeziehung aus« (Klein, 1972b, S. 32 f., zit. n. Schäfer, 2006).

Die in der frühesten Entwicklung des Kindes zutage tretenden destruktiven Regungen Hass und Sadismus stellen bei Klein den eigentlichen Anlass für die Kreativität dar. Denn aus ihnen resultiert die Angst, das Objekt, auf das das Kind existenziell angewiesen ist, zerstören zu können, und diese Angst führt in der Folge zum Bestreben, das – vermeintlich – zerstörte Gute wiederherzustellen. So gesehen stellt kreatives Schaffen immer auch einen Versuch der Wiedergutmachung dar, und in diesem Versuch der Wiederherstellung des zerstörten Alten wird etwas Neues geschaffen.

Mit Klein kann man in kreativen Prozessen ganz allgemein nicht nur die Abfolge von Dekonstruktion und Rekonstruktion erkennen, sondern auch die mit ihnen verbundene Dialektik der beiden grundlegenden Funktionsmodi der Psyche, des paranoid-schizoiden Modus auf der einen und des depressiven Modus auf der anderen Seite. Im paranoid-schizoiden Modus wird versucht, durch die Spaltung in gute und böse Anteile das Gute zu retten und das Böse loszuwerden – die gute Brust der anwesenden, nährenden Mutter wird von der bösen, versagenden Brust der abwesenden oder unempathischen Mutter abgespalten. Im depressiven Modus hingegen gelingt es, die guten und die bösen Anteile des Objekts zu einem Gesamtbild zu integrieren und in ihrem Widerspruch auszuhalten: Jetzt erkennt das Baby, dass die Mutter nur *eine* Person ist, die allerdings widersprüchliche Anteile hat. Damit verknüpft tauchen auch Gefühle der Schuld und das Bedürfnis nach Wiedergutmachung auf; wegen der Aggression, die das Kind der als böse erlebten Mutter gegenüber empfunden hatte, befürchtet es, die Mutter beschädigt oder gar zerstört zu haben.

Im steten Hin und Her zwischen diesen beiden Modi oder »Positionen« findet Konfliktbewältigung und Kreativität statt. Die depressive Position ist erreicht, wenn beide Teile, der gute und der böse Teil, als zusammengehörig, als Eigenschaften *eines* Objekts oder Sachverhalts wahrgenommen werden können. Die Fähigkeit, anzuerkennen und auszuhalten, dass Objekte, Beziehungen, Sachverhalte widersprüchlich sein, gute wie böse Anteile haben können, ermöglicht es auch, zu akzeptieren, dass Dinge – auch kreative Schöpfungen – unvollkommen sein und schlechte Anteile haben können. Ist diese kreative Leistung der Integration von guten und bösen Objektanteilen möglich, können zugleich die damit verknüpften und zuvor auch abgelehnten und abgespaltenen Anteile des eigenen Selbst besser angenommen werden, was die Bewältigung von Konflikten fördert.

Die paranoid-schizoide Position wird immer in Situationen von Durchsetzung, Selbstbehauptung und Kampf aktiviert, die depressive, wenn es darum geht, Verbindungen herzustellen, sich in andere einzufühlen, abwägend zu denken. Der depressive Modus muss zur Verfügung stehen, wenn der Mensch mehr als einen Aspekt oder eine Perspektive oder eine Bezugsperson in ein Gesamtbild integrieren will. Die depressive Position heißt »depressiv«, weil der Mensch nun fähig ist, das Gefühl der Trauer auszuhalten, wenn er seine idealen Wünsche nicht unmittelbar durchsetzen kann, oder dazu in der Lage, den Verlust des Objekts anzuerkennen und auszuhalten.

Man kann den Beitrag der kleinianischen Perspektive zur Kreativität auf den Nenner bringen, dass das Subjekt mit der Kreativität eine Krise löst, die dadurch entsteht, dass die eigene Aggression und der eigene Neid vermeintlich, zumindest im inneren Erleben, zur Zerstörung eines Objekts führen, auf das das Subjekt jedoch dringend angewiesen ist. Die eigene Kreativität ist dadurch gefährdet, dass die Rache des mit destruktiven Phantasien besetzten Objekts vorweggenommen und die eigene Kreativität als zerstört erlebt wird. Die Urbilder der Kreativität sind die mütterliche Brust und die Zeugungsfähigkeit der Eltern; beides kann beim Kind Neid auslösen, mit beidem sollte es sich aber im Lauf seiner Entwicklung identifizieren können, um selbst kreativ und zeugungsfähig zu sein. Die Rolle der Wiedergutmachung kann dahingehend präzisiert werden, dass es nicht nur darum geht, das angegriffene oder zerstörte Objekt wiederherzustellen, sondern dass dies der »Rekonstruktion der eigenen subjektiven Integrität« (Chasseguet-Smirgel, zit. n. Ruff, 2001, S. 95) dient.

Die Wiedererschaffung des Verlorenen als Symbol

Das abwesende, verlorene oder zerstörte Objekt kann nicht real, jedoch symbolisch, als Abbild, wiederhergestellt werden. Deshalb ist für die Beziehungen des Menschen zur Welt und zu sich selbst seine Fähigkeit, die Welt in Form von Symbolen zu repräsentieren, entscheidend: »Die Fähigkeit, Verlust zu erleben, und der Wunsch, das Objekt in sich selbst wiederzuerschaffen, verleihen dem Individuum die unbewußte Freiheit, Symbole anzuwenden« (Segal, 1957/1995, S. 211). Weil das Symbol für etwas steht, das in diesem Moment nicht verfügbar ist, weil das Unmittelbare, Authentische nicht zu haben ist, enthält jede Symbolisierung eine Spur von Trauer, einen »Niederschlag der Trauer um das Objekt« (Segal, 1991/1996, S. 60).

Bereits der Säugling sei auf der Suche nach Symbolen, meint Klein, und zwar entlang der eigenen Körpererfahrung, wenn »das ganz kleine Kind in jedem Ding seine Organe und deren Tätigkeiten wiederzufinden sucht« (1930/1963, S. 37). Darin besteht auch eine Grundlage für die intersubjektive Verstehbarkeit des Symbolischen, weil sich alle Menschen zunächst einmal auf die gleichen Körperteile und prototypischen Dinge beziehen. Dementsprechend stellt auch ein Kunstwerk eine äußerliche, materielle Repräsentation der inneren Welt des Künstlers dar, der versucht, das beschädigte, zerstörte oder verlorene Objekt wiederherzustellen. Dabei stellt das ästhetische Gelingen zugleich den Beleg dafür dar, dass die Wiederherstellung erfolgreich ist. Im weitesten Sinn steht das Hässliche für das Zerstörte und das Schöne des Werks für das Gelingen des unbewusst motivierten Projekts der Wiedergutmachung.

Ein gelungenes Werk kann nur aus der depressiven Position heraus geschaffen werden, in der der Künstler auch Leiden und Trauer auszuhalten in der Lage ist, während oberflächliche Bemühungen der paranoid-schizoiden Position verhaftet bleiben, was Segal als Versuche einer manischen Wiedergutmachung beschreibt. »Im Gegensatz zu der Tiefe einer Kunst, die sich mit dem beschädigten Objekt beschäftigt und es betrauert, ist das hübsche, nette Erzeugnis Resultat einer oberflächlichen Kreativität, die der Trauer über die Zerstörung ausweicht; sie beruht auf der Verleugnung von Beschädigung und Zerstörung« (Hinshelwood, 1989/1993, S. 641 f.).

Auch Bion beschreibt den kreativen Prozess als ein Hin und Her zwischen der paranoid-schizoiden und der depressiven Position. Bion führt am Beispiel der wissenschaftlichen Kreativität aus, dass zunächst die Verbindungen zwischen den einzelnen Elementen einer Theorie aufgelöst werden und dann, in einem zweiten Schritt, um einen neuen Fokus herum neu organisiert werden können (Hinshelwood, 1989/1993, S. 379). Dieser wie aus dem Nichts neu auftauchende Fokus des Wissenschaftlers oder Künstlers entspricht in der Welt des Säuglings dem Wiederfinden der mütterlichen Brustwarze, meint Bion (1962), sich mit Klein auf die Vorstellung beziehend, dass dem Symbolischen zunächst Körperwahrnehmungen und -projektionen zugrunde liegen.

Das Alte fällt in Stücke, bevor das Neue entstehen kann. Neue Gedanken können die alte Organisation des Symbolischen zerstören, weshalb, so Bion, das Denken neuer Gedanken zu einer emotionalen Katastrophe führen kann. Deshalb ist die Fähigkeit, diesen Zerfall, die darin wirkenden destruktiven Kräfte und die damit einhergehende Angst auszuhalten, ohne sich in omnipotente, primitive Abwehrmechanismen zu flüchten, wie die beschriebene manische Wiedergutmachung, die Voraussetzung dafür, dass ein kreativer Prozess möglich ist und Neues entstehen kann (vgl. Hinshelwood, 1989/1993).

Klein illustriert ihre Auffassung der Kreativität als Möglichkeit der Bewältigung frühester Angstsituationen mit der Geschichte der Malerin Ruth Kjär, die in einem Haus voller Bilder lebte, die ihr ein

Künstler vermittelt oder ausgeliehen hatte. Als dieser eines Tages eines der ausgeliehenen Bilder zurückholte, entstand an der Wand ein leerer Fleck, der mit einem leeren Fleck im Inneren von Kjär korrespondierte, weshalb sie in tiefste Traurigkeit versank. Bis sie eines Tages begann, »selbst ein bißchen an der Wand herumzuschmieren, bis wir ein neues Bild bekommen« (zit. n. Klein, 1929/1985, S. 50). Sie, die nie zuvor gemalt hatte, malt an der leeren Stelle ein dermaßen gelungenes Bild, dass ihr der Künstler nicht glaubt, dass sie es selbst gemalt haben könnte. Doch Kjär steht nun »in Flammen, verzehrt sich in innerer Glut. Sie muß sich selbst beweisen, daß das Göttliche, das unsagbare Glücksgefühl, das sie empfunden hat, sich wiederholen kann« (S. 51), und beginnt, weitere, ebenfalls hervorragende Bilder zu malen.

Klein deutet den leeren Fleck in Kjärs innerer Welt, den sie mit ihrem Bild an der Wand kreativ füllen konnte, als Ausdruck dessen, dass ihr in ihrem Körper etwas zu fehlen schien, und zwar als Folge ihrer aggressiv-sadistischen Phantasien gegenüber der Mutter und der daraus resultierenden Ängste vor der Rache der Mutter, die Gleiches mit Gleichem vergelten würde. Auf den Neid der Tochter auf die mütterliche kreative Potenz folge die Angst, zur Strafe der eigenen Kreativität und körperlichen Potenz beraubt zu werden. Eine Bestätigung dieser Vermutung sieht Klein in den Motiven, die Kjär gemalt hatte. Den leeren Fleck an der Wand hatte sie »mit der lebensgroßen Komposition einer nackten Negerin ausgefüllt« (S. 52). Danach malte sie unter anderem eine alte Frau, die trostlos und resigniert wirkte, und in ihrem letzten Bild malte sie dann ihre Mutter, als »prachtvolles Weib aus der Urzeit«, wie eine Freundin Kjärs formuliert, die dann auch schließt: »Der leere Platz ist ausgefüllt.«

»Der Wunsch, gutzumachen, was an der Mutter in der Phantasie verübt wurde und so (indem sie der Vergeltung für ihre Aggression entgeht) auch den eigenen zerstörten Körper wieder herzustellen«, erklärt für Klein (S. 53) die Reihenfolge der von Kjär gemalten Porträts. In der alten Frau stellte sie die zerstörte Mutter dar, und dies zuerst einmal darzustellen sei auch notwendig gewesen, um sie dann, getrieben von den eigenen Schuldgefühlen, in ihrer ganzen Vitalität und Schönheit wiederherzustellen. Diese logische und zwingende Abfolge sieht Klein auch regelmäßig in Kinderanalysen am Werk: »Dem Ausdruck von Zerstörungs- und Angriffstendenzen folgen häufig Zeichnungen, die sich als ein Neuschaffen der zerstörten Objekte erweisen« (S. 53).

Kreativität als natürliches Verhältnis zur Welt

Freud hatte Kreativität unter den Gesichtspunkten der Abwehr, der Sublimierung, der Wunscherfüllung und des Ausweichens vor der Realität mit ihren Anforderungen und Versagungen analysiert. Klein hatte die Rolle der Aggression, Destruktion, der daraus resultierenden Ängste, Schuldgefühle und Wiedergutmachungswünsche herausgearbeitet. Segal hatte darauf aufbauend der Symbolisierung besondere Beachtung geschenkt. Für einen anderen Zugang zur Kreativität stehen, wie schon erwähnt, Rank, Winnicott und Erikson, die in der Kreativität eine eigenständige Zugangsweise des Menschen zur Welt sehen mit der grundlegenden Möglichkeit, nicht nur Altes wiederherzustellen, sondern auch Neues zu erschaffen.

Anders als Freud und Klein sieht Winnicott keine Notwendigkeit, Kreativität auf libidinös-sexuelle oder destruktive Triebimpulse zurückzuführen, sondern er betrachtet Kreativität als natürlichen Zustand des Kindes, das eine primäre Freude an seinem Spiel und seinen Produkten erlebe. Auch bewertet Winnicott die Rolle der Illusion anders als Freud, wenn er dessen Verdacht, der kreative Mensch entziehe sich der Realität durch Flucht in die Illusion, entgegenhält, dass der Mensch zuerst einmal fähig sein müsse, Illusionen zu erschaffen, bevor er den Schritt zur Desillusionierung und Realitätsanpassung gehen könne. Die »primäre Kreativität« (Winnicott, 1974, S. 21) des Kindes, sein Bedürfnis zur kreativen Gestaltung, ermögliche dem Kind, das, was aus der äußeren Realität und aus seiner inneren Welt herandrängt, zu bewältigen.

Auch Winnicott erkennt an, dass Schuldgefühle und der Wunsch nach Wiedergutmachung eine wichtige Rolle spielen können als »eine

Quelle der Potenz, des sozialen Engagements und künstlerischer Leistungen (aber nicht der Kunst an sich, deren Wurzeln tiefer fußen)« (1955/1983, S. 288 f.). Doch beschreibt er beim schöpferischen Künstler auch einen Typus, der anscheinend ohne Schuldgefühle und Drang zur Wiedergutmachung auskommt, stattdessen über eine »Bedenkenlosigkeit« verfügt, »die mehr erreicht als von Schuldgefühlen getriebene Schwerarbeit« (1958/1984, S. 32). Denn die Schuldgefühle und der Wunsch nach Wiedergutmachung können der Neues schaffenden Aggression auch im Wege stehen.

Winnicott beschreibt in seinem Konzept des im Übergangs- oder Möglichkeitsraum kreierten Übergangsobjekts seine Grundidee des Menschen, der sich selbst als Schöpfer seiner symbolischen Werke erlebt. Dies beginnt schon damit, dass das Kind seine eigene – wenn gut verlaufene – Geburt als erste kreative Erfahrung sich selbst und seinen eigenen Bewegungsimpulsen als eigenes Werk zuschreiben kann: »Ich habe mich – meinen Wünschen entsprechend – selbst geboren. Die Geburt ist in diesem Sinne der erste schöpferische Akt im Leben des Menschen« (Auchter, 2004, S. 46). In der zweiten Hälfte des ersten Lebensjahres erschafft das Kind dann in der Regel sein erstes Übergangsobjekt, ein Plüschtier, ein Stück Stoff, irgendein Gegenstand wird zu einem psychisch bedeutungsvollen Objekt erhoben, mit dessen Hilfe das Kind nun in der Lage ist, die unvermeidlichen Abwesenheiten der Mutter zu überbrücken. Genau genommen stellt das Übergangsobjekt ein Protosymbol, ein Vorstadium eines Symbols, dar, weil es noch an einen materiellen Träger gebunden ist. Auch hier stellt wieder die Abwesenheit des Objekts die Voraussetzung für den kreativen Akt der Erschaffung von etwas Symbolischem dar, das an die Stelle des Abwesenden tritt.[1]

Das Übergangsobjekt findet oder erfindet das Kind in einem psychischen Raum zwischen sich und seiner primären Bezugsperson,

---

[1] Dies gilt natürlich auch für die Kunst ganz allgemein; »von den paläolithischen Höhlenzeichnungen bis heute war es die Hauptaufgabe der Malerei, etwas, das nicht gegenwärtig ist, sichtbar zu machen« (Berger, 1985, S. 227).

den Winnicott den »intermediären Raum«, »Übergangsraum« oder »potenziellen Raum« (»Möglichkeitsraum«) nennt. Dieser dann als Erfahrung verinnerlichte Übergangsraum ist auch im späteren Leben der Ort des Spielens und der Kreativität. Dieser Raum hat im Erleben des Kindes eine magische Qualität, das Kind erlebt sich als omnipotent, erlebt sich als Schöpfer all der Phänomene, die es hier entdeckt und erschafft. Dies setzt voraus, dass sich die Bezugspersonen gut auf das Kind einstimmen können, darauf ausgerichtet sind, ihm »anzubieten, was das Kind zu finden bereit ist« (Winnicott, 1974, S. 58), und dass sie diese phasentypische Omnipotenz des Kindes zulassen können, ohne dass sie unerträglichen Neid bei ihnen auslöst.

Mutter und Kind verbringen ihre Zeit idealerweise damit, dass sie miteinander spielen, dabei »bezieht das Kind Objekte und Phänomene aus der äußeren Realität ein und verwendet sie für Vorstellungen aus der inneren, persönlichen Realität« (S. 58). Aber das Spiel geht auch schon wie jedes andere kreative Tun mit bestimmten affektiven Zuständen einher, die ausgehalten werden müssen. Einerseits müssen die Beteiligten ganz ins Spiel vertieft sein, die äußere Realität vergessen können, andererseits führt das Spielen zu Erregung und kann auch Angst auslösen. »Der wesentliche Aspekt des Spielens besteht darin, dass es stets mit einem gewissen Wagnis verbunden ist, das sich aus dem Zusammenwirken von innerer Realität und dem Erlebnis der Kontrolle über reale Objekte ergibt« (S. 59). Gelingendes Spielen ist wie jede Art von Kreativität grundsätzlich mit einem Gefühl von Befriedigung verbunden.

Ein Beispiel: Im Leben eines jungen Mannes spielt das Skateboarden eine wichtige, übergangsobjekthafte Rolle. Immer hat er sein Skateboard bei sich, was auf ihn sehr beruhigend wirkt. Oft legt er es sich auf den Schoß oder berührt es mit der Hand. Das Skaten stellt auch eine Verbindung zu anderen Menschen dar, mit denen er sich zum Skaten trifft. Und darüber hinaus erfüllt das Skaten mit der Herausforderung, immer wieder über die Grenzen dessen zu gehen, was man schon kann, auch das Kriterium des Wagens, das Winnicott mit dem Spielen verbindet.

Für Winnicott ist wie für Rank Kreativität der Weg der Entwicklung des Selbst und des Gefühls der Lebendigkeit. »Wenn wir uns künstlerisch betätigen, können wir hoffen, mit unserem primitiven Selbst, aus dem uns die heftigsten Gefühle und auch intensive angstmachende Empfindungen erwachsen, in Kontakt zu bleiben« (Winnicott, 1945/1983, S. 66). Und dies ist unmittelbar mit der Möglichkeit, unsere körperlichen Funktionen und biologische Lebendigkeit wahrzunehmen und in das kreative Tun aufzunehmen, verknüpft: »Das wahre Selbst kommt von der Lebendigkeit der Körpergewebe und dem Wirken von Körperfunktionen, einschließlich der Herzarbeit und der Atmung« (Winnicott, 1960/1984, S. 193). Dies ist ein Hinweis darauf, weshalb in Kreativtherapien die körperliche Beteiligung, der physische Umgang mit dem Material oder wie in der Tanztherapie mit dem eigenen Körper, einen essenziellen Anteil des therapeutischen Effekts ausmacht. Auch Marion Milner, Schülerin von Klein und Winnicott, betont, wie körperliche Impulse, präverbale Erlebnisweisen und die Erfahrung von Lebendigkeit im kreativen Tun zusammenkommen als »die innerlich empfundene Erfahrung, ein sich bewegender, lebender Körper im Raum zu sein, mit der Fähigkeit, eine Beziehung zu anderen Gegenständen im Raum herzustellen. Inbegriffen in dieser Erfahrung des Lebens ist die Erfahrung des schöpferischen Prozesses selbst« (Milner, 1988//2006, S. 209).

Milner unterstreicht auch die Funktion der Kreativität, nicht nur Verlorenes neu zu erschaffen, schon Bekanntes wiederzufinden, sondern noch nicht Bekanntes zu entdecken. Der Mensch, so Milner, konstruiert seine Welt, indem er wahrnehmend und kreativ erschaffend auf die Welt zugeht: »Das Wesen der Erfahrung ist also das, was wir dem Sichtbaren entgegenbringen: ohne unseren eigenen Beitrag sehen wir nichts« (S. 48). Deshalb kann der Mensch ganz Neues wahrnehmen, dem Neuen einen Begriff geben und es dadurch entdecken. Was der wahre Erneuerer macht, »ist kein Neuerschaffen im Sinne des Wieder-Herstellens dessen, was verlorengegangen ist (obwohl er das macht), sondern ein Erschaffen dessen, was ist, weil er die Kraft erzeugt, es wahrzunehmen« (S. 211). So kann er »›Natur‹, auch menschliche Natur« erschaffen, indem er »alte Symbole enttarnt und neue schafft« (S. 212). Voraussetzung dafür ist »das ständige Aufbrechen der eingefahrenen, vertrauten Muster (vertraut im Rahmen seiner eigenen Kultur und geschichtlichen Zeit)« (S. 212). Dass der Mensch Neues schafft, steht außer Zweifel, wenn wir an die Erfindungen der Menschheit denken, die zunehmend auch seine Natur verändern, angefangen vom Beil über den Motor bis zum Internet.

Kreativität und Krise

Wenn Winnicott Spiel und Kreativität als basale, angeborene Fähigkeiten betrachtet, bedeutet dies jedoch nicht, dass sich der kreative Prozess einfach so harmonisch und nicht etwa krisenhaft entfalten würde. Auch bei Winnicott kann die kreative Bewegung »nur aus zusammenhangloser, unstrukturierter psychischer Funktion« (Winnicott, 1974, S. 76) entstehen: »Nur in diesem unintegrierten Zustand der Persönlichkeit kann das, was wir als kreativ beschreiben, in Erscheinung treten.« Ein solcher krisenhafter Zustand der inneren Welt kann nicht nur Folge von Entwicklungsschritten des Subjekts oder von seinen inneren Konflikten sein, sondern auch von traumatisierenden Ereignissen aus der Außenwelt. Ob die Destruktion aus der inneren oder der äußeren Welt stammt, ob sie gewollt und gesucht als verändernde Aggression erscheint oder als traumatisierende Kraft, immer geht es im kreativen Prozess auch um den Umgang mit und die Bewältigung von Aggression.

Wie wir gesehen haben, können wir Kreativität immer als einen krisenhaften Prozess beschreiben, und zugleich ist Kreativität ein notwendiges Element einer jeden konstruktiven, progressiven Bewältigung von Krisen. Immer finden wir die gleichen Bestandteile wie das Aufbrechen oder Versagen bestehender Strukturen, die damit verbundene Labilisierung der Struktur der Persönlichkeit (oder auch von ganzen Organisationen oder Gesellschaften), das teilweise gleichzeitige Auftreten von Regression und Progression sowie das beschriebene Wechselspiel zwischen der paranoid-schizoiden und der depressiven Position. Schon diese Aufzählung zeigt, dass sich die Anatomie kreativer Prozesse bei künstlerischen Schöpfungsprozessen, bei persönlichen

Krisen, in der Beschreibung psychoanalytischer Behandlungsprozesse oder auch spiritueller Erfahrungen jeweils ganz ähnlich darstellt.

Die psychologische Forschung unterschied schon Ende des 19. Jahrhunderts (H. von Helmholtz, G. Wallas, vgl. Kozbelt, Beghetto u. Runco, 2010) vier Phasen, in denen kreative Denkprozesse verlaufen: 1. *Preparation* (Vorbereitung), 2. *Incubation* mit Grübeln, Zweifeln und Angst, 3. *Illumination*, Auftreten des Geistesblitzes, Heureka-Erlebnis, 4. *Verification:* Überprüfung und Umsetzung. Unter verschiedenen ähnlichen Modellen möchte ich hier von psychoanalytischer Seite das allgemeine Modell der kreativen Krise von Ruff (2001) anführen, das für schöpferische Krisen, die Entwicklung von Lösungen bei psychisch kranken Patienten, die künstlerische Kreativität und die Entwicklung der Spiritualität gleichermaßen Gültigkeit beanspruchen kann. In jedem dieser Prozesse finden wir die folgenden fünf Phasen: 1. *Motivation*, 2. *Verunsicherung und Leiden*, 3. *Krise*, 4. *Neuer Entwurf*, 5. *Ausführung*.

1. *Motivation:* Ich würde eher von der *Manifestation des Mangels* sprechen: Erfahrungen des Nichtkönnens, Nichtwissens, das Bisherige genügt nicht mehr. Das Subjekt versucht, sich auf seine früheren Erfahrungen zu beziehen; sein »Schau- und Wißtrieb« (Freud, 1910c) oder seine »Gier nach Neuem« treibt den kreativen Menschen dazu, mehr erkennen und wissen zu wollen. Der konformistische Mensch hingegen reagiert darauf, dass er an seine Grenzen stößt, mit Wegschauen und Gleichgültigkeit.
2. *Verunsicherung und Leiden:* Nun geht es darum, eine Labilisierung und partielle Auflösung der psychischen Struktur zu ertragen. Die »Ich-Grenzen müssen durchlässiger werden, um mit verschärfter Wahrnehmungsfähigkeit Reize von innen und außen aufnehmen und beantworten zu können. All dies ist aber mit Leiden verbunden« (Ruff, 2001, S. 85). Eine Möglichkeit, mit dem zunehmenden Druck und der damit einhergehenden Angst umzugehen, ist der Rückzug an einen geschützten Ort – der Dichter hat seine Klause, der Erfinder seine Werkstatt, der spirituell Suchende das Kloster, der psychisch Kranke die Klinik.

3. *Krise:* Alte Lösungswege und neue Strategien führen nicht zum Erfolg, Leiden und Verzweiflung dominieren das Erleben sowie die Angst, nie eine Lösung zu finden, das Werk nie fertigzustellen, den Abgabetermin für die Arbeit nicht einhalten zu können, nie wieder der zufriedene Mensch zu werden, der man vorher war. Der Mensch befindet sich nun vollständig in der paranoid-schizoiden Position, ist nicht nur überzeugt, keine Lösung zu finden, sondern auch von der Umwelt abgelehnt zu werden. Diese typische Verfassung finden wir in allen Lebenskrisen, wie etwa der Midlife-Crisis (Jaques, 1965). Jetzt »entscheidet sich, ob der Betroffene seinen kreativen Anspruch aufgibt oder nahezu orgiastisch eine Lösung des ursprünglichen Problems findet« (Ruff, 2001, S. 86). Letzteres kann als (göttliche) Inspiration oder Durchbruch zu etwas Neuem erlebt werden.
4. *Neuer Entwurf:* Nun kann die Inspiration konkretisiert und entwickelt werden. Denn zuerst handelt es sich oft nur um eine diffuse Idee, in der sich bewusste und unbewusste Tendenzen zu einer neuen Vorstellung zu verdichten beginnen. Nun beginnen sich Gedanken, Bilder und Emotionen um den neu gefundenen Fokus zu organisieren. Sie haben, um mit Bion zu sprechen, eine neue Brustwarze gefunden, um die herum zwischen den vorübergehend getrennten Elementen neue Verbindungen, eine neue Ordnung, ein neuer Sinn entstehen können.
5. *Ausführung:* Nun muss das Neue ausgearbeitet und »in die Tat umgesetzt werden, was die Fähigkeit zu geordneter und gerichteter Aggression voraussetzt« (Ruff, 2001, S. 87). Dazu gehört, dass die zunächst ganz im eigenen Selbst angesiedelte Idee zu einem als äußeres Objekt vom eigenen Selbst auch getrennt erlebbaren Produkt weiterentwickelt und abgelöst werden kann. Als äußeres Objekt wird es Teil einer mit anderen teilbaren Vorstellungswelt; die eigene Idee wird auf einen überindividuellen Kontext bezogen, die Architekturidee auf die baurechtlichen Vorschriften, die mystische Erleuchtung auf ein spirituelles Sinnsystem. Diese triangulierende Öffnung des Verhältnisses zum eigenen Werk

ermöglicht es, dass nun auch andere Personen mit dem neu Erschaffenen in Kontakt treten und dazu eine Meinung abgeben können, die in das Werk aufgenommen werden kann.

Aber sogar noch in dieser letzten Phase der Ausführung des kreativen Werkes kann sich das Leiden so existenziell anfühlen, wie es Peter Weiss in den Notizbüchern zu seinem monumentalen Werk »Ästhetik des Widerstands« beschreibt: »Eigentlich unaufhörlich in einen schrecklichen Ringkampf verwickelt, an dem ich bewußt aber nur in geringem Maß beteiligt bin. Der Kampf spielt sich in mir ab, schmeißt mich dann u wann um […] oder konfrontiert mich mit neuen Situationen, vor denen ich dann Rechenschaft ablegen muß (d. h. ich setze mich schreibend mit ihnen auseinander – manchmal auch ohne zu wissen, was meine Reflexionen bestimmt)« (Weiss, 1981, S. 871).

Einerseits kann der Mensch mit der Verwirklichung seines Projekts erleben, dass »er mit dem von ihm Geschaffenen über sich hinauswachsen, sich selbst transzendieren und dadurch mehr werden konnte – vielleicht bis zum Gefühl narzisstischer Vervollkommnung« (Ruff, 2001, S. 87). Doch bald merkt er, dass »beim Vergleich des inneren Entwurfes mit dem real Geschaffenen dieses sich als unvollständig und unvollkommen erweist, selbst wenn es noch so oft und lange überarbeitet wird« (S. 87). Der kreative Mensch wird sich mit dieser Unvollkommenheit seines Werks wie seines Selbst nicht abfinden, sondern alsbald ein neues Projekt in Angriff nehmen, in dem er seinen nun weiterentwickelten Vorstellungen erneut eine Form zu geben versuchen wird.

Wenn die gefundene Lösung inhaltlich nicht wirklich gelungen ist, so wird oft versucht, dies in einer übertriebenen, manierierten oder perfektionistischen Konzentration auf formale, äußerliche, ästhetische Aspekte zu kompensieren. Die nicht wirklich gelungene kreative Lösung – wie die manische Wiedergutmachung – zeigt sich etwa bei Bildern psychisch kranker Künstler in der häufigen Verwendung von formal strukturierenden Elementen wie Geometrisierung oder Rhythmisierung durch die Wiederholung gleicher Motive. Psychotischen Künstlern gelingt es nicht, Symbole in Übereinstimmung mit der Bedeutung zu verwenden, die ihnen die in ihrem Symbolgebrauch »nicht verrückte« Umwelt beimisst. Weil deshalb die inhaltliche Lösung beeinträchtigt ist, versucht der schizophrene Künstler, der Fragmentierung und dem Zerfall auf der formalen Ebene zu begegnen, indem er wenn schon nicht die Sinn-, dann doch die geometrische Struktur im Werk zu festigen sucht, wie dies beispielsweise in den bekannten Gemälden von Adolf Wölfli regelmäßig sichtbar wird.

Nicht überzeugende Kreationen sind auch solche, die ohne Beteiligung der tieferen Schichten des Emotionalen und des Unbewussten entstehen, das, was Roland Barthes (1974, S. 10) den »plappernden Text« nennt – »jener Sprachschaum, der sich aufgrund eines bloßen Schreibbedürfnisses bildet.« »Bewegungen eines Saugens ohne Gegenstand, einer undifferenzierten Oralität«, abgeschnitten von den Lüsten. Der Gegensatz dazu wäre der mit Wollust und Begierde geschriebene Text, aus dem das Begehren spricht.

Geburt und Vergänglichkeit als Antrieb der Kreativität

Denkt man die Idee, das kreative Werk stelle etwas Verlorenes oder Zerstörtes wieder her, zu Ende, stößt man darauf, dass das kreative Schaffen den verlorenen Zustand der Einheit vor der Geburt wiederherstellen soll oder der Vermeidung der Zerstörung des Lebens durch den Tod dient.

Rank sah im Schöpferischen die Sehnsucht am Werk, den mit der Geburt verloren gegangenen Zustand des Einsseins mit der Welt wiederherzustellen. Der Mensch, der biologisch gesehen als frühgeburtliches Mängelwesen zur Welt kommt, muss das, was bei Tieren angeboren und instinkthaft verfügbar ist, durch sekundäre, symbolische Schöpfungen ersetzen. Der Mensch muss sich als »animal symbolicum« (Cassirer) seine Welt und seinen Bezug zu ihr erst erschaffen: »Sprache, Mythos, Kunst und Religion sind Bestandteile dieses Universums. Sie sind die vielgestaltigen Fäden, aus denen das Symbolnetz, das Gespinst menschlicher Erfahrung gewebt ist« (Cassirer, 1944/2007, S. 50). Dies bringt sowohl die existenzielle Verlorenheit des Menschen mit sich als auch die – mal als Freiheit, mal als Zwang erlebte – Notwendigkeit, sich und seine Welt immer wieder neu zu gestalten.

»Das schöpferische Werk entspringt dem narzißtischen Bedürfnis, die verlorene Vollkommenheit, die zerrissene Einheit mit der Mutter Natur (Schelling) wiederherzustellen«, meint Wirth (2001, S. 14), sich auf Rank beziehend. Aus dieser Perspektive lässt sich das Uterusähnliche in vielen symbolischen Kreationen erkennen, wie dies Sloterdijk (1998, 1999) in Anlehnung an Rank in seiner Erforschung von Sphären und Blasen ausführlich zeigt, und am Grund der Kreativität das Bedürfnis erkennen, den verlorenen Zustand der Nichtgetrenntheit in symbolischer Form wieder zu erschaffen. »Die Häuser, die Institutionen, die Familie, die Gruppen, die kulturellen Systeme, die ja jeweils eine Welt im kleinen bilden, sind solche Ersatzbildungen für den Mutterleib« (Wirth, 2001, S. 26).

Zeugung und Geburt sind als Metaphern für den kreativen Prozess geläufig, oft muss das Projekt ja auch unter Schmerzen zur Welt gebracht werden. Marion Milner stellt den Raum, in dem das Neue entsteht, als analog zur Gebärmutter dar, wenn sie die Erschaffung einer kreativen Illusion aus einem Zustand tiefer Konzentration oder Kontemplation beschreibt, »eine Sinneserfahrung, in der sich ein leerer Raum darbietet, ein ›uteriner Raum‹, aus dem etwas Neues entstehen kann« (Stefana, 2018, S. 60f.). Oft hat der kreative Mensch den Eindruck, als ob er das Neue in einer Art Spontan- oder Selbstzeugung »wie aus sich selbst heraus« (Ruff, 2001, S. 86) erschaffen würde. Meistens stellt sich dann aber heraus, dass die Idee schon in der Luft lag, dass er nicht der Einzige war, der von ihr befruchtet wurde und mit ihr schwanger ging.

Der Wunsch nach Wiederherstellung eines ungetrennten Urzustands kann zugleich eine Abwehr der mit dem Wissen um die Endlichkeit und Sterblichkeit des Menschen verbundenen Angst darstellen. Der Tod tritt immer wieder im Lauf des Lebens in Form sich aufdrängender Gedanken an die eigene Sterblichkeit oder die der anderen störend ins Bewusstsein, umso bedrohlicher, als dem frühgeburtlichen animal symbolicum die instinkthaften Umgangsweisen mit dem Tod fehlen. Hatte Freud die Rolle der Sterblichkeit und des realen Todes in der Entwicklung des Menschen vernachlässigt, so war es wiederum Rank, der gerade darin die zentrale Lebensaufgabe des Menschen erkannte, seine Angst vor dem Tod so zu bewältigen, dass sie aushaltbar ist und das Wissen um die Endlichkeit nicht abgewehrt werden muss, sondern im Dienste der Lebendigkeit des Menschen stehen kann (vgl. Grieser, 2018). Und entscheidend trägt »die Entfaltung der spezifischen menschlichen Kreativität dazu bei, daß die Angst vor dem Tod so weit gelindert wird, daß das Wissen um den Tod in das Leben integriert werden kann« (Wirth, 2001, S. 32).

Idealerweise soll das Werk als Form einer »schöpferischen Transzendenz« (Lifton, 1979) die eigene endliche Existenz überdauern und so dem Tod ein Schnippchen schlagen. Auch die Rezipienten des Werks partizipieren unbewusst an dieser Transzendierung der Endlichkeit, haben projektiv Teil an der Illusion des Kreativen, durch sein Schaffen symbolische Unsterblichkeit zu erlangen. Auch wenn sie selbst niemals in der Lage wären, ganz in ihrem Werk aufzugehen, nur für ihr Werk zu leben, sich darin zu verbrennen und sich dafür mit einem schlechten Leben zu begnügen, wie Tolstoi schreibt: »Der Dichter nimmt vom Leben das Beste und gibt es seinem Werk. Deswegen ist sein Werk so schön und sein Leben so schlecht« (zit. n. Holm-Hadulla, 2014, S. 520).

Doch nicht jedem erscheint das Tauschgeschäft »schönes Werk gegen schlechtes Leben« attraktiv genug, um für die Überwindung des Sterbens auf das Leben zu verzichten. So lässt der Schriftsteller César Aira (2019, S. 88) seinen Protagonisten diese Vorstellung auf ihren Gehalt an wirklichem Leben befragen und kommt zu dem Schluss: »Ich habe nie geliebt und mich auch nicht fortgepflanzt. Obwohl ich poetisch gesprochen sagen könnte, dass ich mich in meinen Büchern fortgepflanzt habe. Jämmerliche Metapher. Die Literatur hat mir kein Leben schenken können. Niemandem schenkt sie es, man kann sagen, was man will, bestenfalls kann sie ein Doppelleben schenken, das der Welt und das des Traums.« Und auch Sartre (1964), der die Absicht formulierte, mit seinem Schreiben seinen »unsterblichen Teil in Wörter zu verwandeln« (S. 110), und durch seinen Ruhm, wenn man dann »in aller Munde« wäre, über seinen Tod hinaus weiterzuleben, ahnte, dass diese Strategie der manischen Verleugnung vielleicht nicht aufgehen würde: Ich »begrub den Tod im Leichentuch des Ruhmes, ich dachte nur noch an den Ruhm, aber niemals an den Tod, ohne zu bemerken, daß die beiden eine Einheit bilden« (S. 111). Auch hier wird wieder der Unterschied deutlich, ob aus einer paranoid-schizoiden Position heraus die Einsicht in die Endlichkeit manisch abgewehrt wird oder ob es in der depressiven Position möglich ist, Trauer zu ertragen, die Bedrohtheit, Endlichkeit und Sterblichkeit des Menschseins anzuerkennen und sie dann in kreativen symbolischen Akten zu bewältigen. Wenn nicht, werden die Ängste in manischer Weise in einer sich selbst erschöpfenden Produktivität überspielt und abgewehrt, die aber schlussendlich daran scheitert, dass die bedrängenden Themen nicht in eine gelingende Form gebracht werden können. Dann ist es dem Kreativen auch nicht möglich, ein gültiges Alterswerk zu schaffen, wie Berger (1973) am Beispiel von Picasso zeigt.

Hannah Arendt erkannte im Kunstwerk den Wunsch, dass darin »sterbliche Menschen eine nicht-sterbliche Heimat finden« könnten, einen »Wink möglichen Unsterblichseins« (1958/2002, S. 202). Ob dies heute auch noch so erlebt werden kann, im Zeitalter der Schnelllebigkeit, der Zerstörung der Lebensgrundlagen des Menschen und der sich selbst zerstörenden Kunstwerke (Banksy: Girl with Balloon, geschreddert 2018), muss bezweifelt werden. Gegen die Idee der Beständigkeit als Wesen der Kunst wendeten sich auch schon die vergänglichen Inszenierungen der Fluxus-Bewegung oder die Happenings. Oder denken wir an die Inszenierungen der Vergänglichkeit in den komplexen Mandalas, die tibetische Mönche in wochenlanger Arbeit aus Sand kreieren, um sie dann wieder zusammenzukehren und in einen Fluss zu streuen als Symbol dafür, dass alles vergänglich und Teil des Kreislaufs von Werden und Vergehen ist.

Nur wenn das kreative Tun nicht primär der angstmotivierten Abwehr des Todes dient, kann es wirklich libidinös besetzt und als Lebendigsein erlebt werden. Und eine Erfahrung der Transzendenz kann um so eher erlebt werden, je mehr das eigene Schaffen etwas Größeres als das eigene Selbst umfasst, wie Csikszentmihalyi (1997, S. 10) beschreibt: »Das tiefe Gefühl, Teil von etwas zu sein, das größer ist als man selbst, kann man außer durch die Kreativität wahrscheinlich nur durch Sex, Sport, Musik oder religiöse Ekstase erreichen – doch diese Erfahrungen sind flüchtig und hinterlassen keine bleibenden Spuren. Aber die Kreativität hinterläßt darüber hinaus ein Ergebnis, das zum Reichtum und zur Komplexität des Lebens in der Zukunft beiträgt.«

Symbolisierung und Triangulierung

Der kreative Prozess entsteht aus der konflikthaften Spannung zwischen dem regressiven Wunsch einer Aufhebung der Urentfremdung, der Rückkehr zu einem ursprünglichen Zustand der Befriedigung einerseits und der Notwendigkeit, diesen Wunsch sublimiert, in einer symbolisierten Form, zu verfolgen, andererseits. Wie wir gesehen haben entstehen Symbole oder intrapsychische Vorstellungen – psychische Repräsentanzen – durch den Druck des unerfüllten Wunsches und sind aufgeladen von der damit verbundenen, aufgeschobenen und vom ursprünglichen Ziel verschobenen Libido und Aggression. So gesehen ist die Herstellung von Symbolischem, sei es das erste Übergangsobjekt oder ein Kunstwerk, ein Akt, in dem libidinöse und aggressive Energien absorbiert und transformiert werden. Und weil allem Symbolischen und jeder Phantasie auch die Abwesenheit dessen anhaftet, wofür es steht, kann Lacan sagen:»Das Symbol stellt sich so zunächst als Mord der Sache dar, und dieser Tod konstituiert im Subjekt die Verewigung seines Begehrens« (Lacan, 1953/1986, S. 166). Der Erfindung des Autos haftet die Trauer über den Tod der Pferdekutsche an.

Symbolisierung enthält immer das trianguläre Verhältnis »zwischen der Sache, die symbolisiert wird, der Sache, die als Symbol fungiert, sowie einem *Menschen,* für den das eine das andere darstellt. Psychologisch formuliert, wäre Symbolik eine Beziehung zwischen dem Ich, dem Objekt und dem Symbol« (Segal, 1957/1995, S. 206). Ganz allgemein werden in triangulierten Beziehungen Wünsche, Bedürfnisse und Aggression moduliert und in einer psychischen Struktur gebunden, wie etwa in der frühen Triangulierung der

Beziehung des Kindes zur Mutter, in der der Vater hilft, die aggressiven Impulse in dieser Beziehung zu modulieren und konstruktive und symbolische Wege für die Entwicklung zu finden. Wir können entsprechend in der triangulierenden Notwendigkeit, Symbolisches zu erschaffen, die Gegenkraft zum regressiven Wunsch sehen, real zur ursprünglichen Situation zurückzukehren und den libidinösen Wunsch mit dem begehrten Objekt auszuleben oder Rache für die Zurückweisung oder den Verlust zu üben. So werden über den Gebrauch des Symbolischen potenziell destruktive Impulse in konstruktive transformiert und bewältigt, sodass an die Stelle von Gefahr und Zerstörung die Erschaffung von etwas Neuem treten kann.

Dies ist sogar noch in Zuständen extremen pathologischen Rückzugs möglich, wie bei einer autistischen jugendlichen Patientin, die oft stundenlang auf dem Boden saß und nichts anders tat, als eine endlose Kordel zu häkeln. Zwar konnte sie nicht darüber Auskunft geben, was die Kordel darstellte, doch zweifellos kreierte sie etwas, stellte sie Verknüpfungen her von einer Masche mit der nächsten, spürte sie die Wolle und die Häkelnadel in ihren Händen, die sie rhythmisch bewegte. Dabei war sie in einem besser integrierten Zustand, als wenn sie außer sich geriet, weil sich über irgendeine Ungerechtigkeit aufregen musste, die ihr zugemutet wurde, und ihre Wut aus sich herausschrie.

Bleiben die Kreationen dieser Patientin nur subjektiv bedeutungsvoll und übergangsobjekthaft, so handelt es sich um Kunst, wenn sie in eine besondere Form gebracht und in einen mit anderen geteilten symbolischen Rahmen gestellt werden, wie etwa die knäuelartigen Fadennetzwerke, die die Künstlerin Chiharu Shiota in Galerien ausstellt. In beiden Fällen ist die Bedeutung, die diese Kreationen haben, offen, in beiden Fällen tragen sie etwas zur Regulation der psychischen Welt ihrer Schöpferinnen bei, doch nur die Kreationen von Shiota werden als kreatives Werk wahrgenommen und behandelt. Denn nur ihre Kreationen sind so mit dem Symbolsystem der Kultur verknüpft, dass sie von anderen Menschen auch als kulturelle Symbole und nicht nur als idiosynkratische Schöpfungen wahrgenommen werden, die ihre Bedeutung nur in der Privatwelt ihrer Schöpferin haben.

Deshalb ist das Symbolische, wenn es der Kommunikation mit anderen dient, nicht nur in dem triadischen Verhältnis Subjekt – Symbolisiertes – Symbol verortet, sondern ist darüber hinaus auf ein mit anderen geteiltes Symbolsystem als ein Viertes bezogen (Grieser, 2011). In schwerer psychischer Krankheit ist dieser triangulierende Bezug zur Umwelt gestört, der psychotische Mensch ist in Bezug auf das Symbolische, das seine Mitmenschen teilen, »verrückt«, seine Kommunikation ist unverständlich, sein Gebrauch des Symbolischen von Zerfall bedroht.

Kulturell relevante »Größere Kreativität« entwickelt sich also immer in »der Interaktion dreier Elemente, die gemeinsam ein System bilden: einer Kultur, die symbolische Regeln umfaßt, einer Einzelperson, die etwas Neues in diese symbolische Domäne einbringt, und einem Feld von Experten, die diese Innovation anerkennen und bestätigen« (Csikszentmihalyi, 1997, S. 17). Insofern findet Kreativität »nicht im Kopf des Individuums statt, sondern in der Interaktion zwischen dem individuellen Denken und einem soziokulturellen Kontext« (S. 41).

Modi der Symbolisierung

Auf der Suche nach einer gelingenden Form der Symbolisierung bringt die regressive Bewegung das Ich mit abgewehrten, teilweise archaischen, bisher nicht symbolisierten Inhalten des Unbewussten in Kontakt, welche nun in die Entwicklung einer Lösung eingebracht werden können. Es wäre deshalb verkürzt, Symbolisierung mit Sprache oder mit bewusst gestalteten Symbolen gleichzusetzen. Im Gegenteil spielt der Zugang zu nonverbal-sinnlichen, präverbalen, körperhaften Erlebniswelten eine wichtige Rolle. Erst im Lauf der Entwicklung werden diese primären sinnlichen, taktilen, auditiven, olfaktorischen, visuellen Eindrücke symbolisch repräsentiert. Im oft als krisenhaft erlebten Teil des kreativen Prozesses kann eine begrenzte und vorübergehende semiotische Regression auf diese früheren Erlebens- und Symbolisierungsmodi stattfinden. Das, was dort gefunden wird, kann dann in der darauffolgenden semiotischen Progression auf ein höher strukturiertes Symbolniveau transponiert und neu gestaltet werden.

In die Psychoanalyse führte Langer (1942/1965) die Unterscheidung einer präsentativen und einer diskursiven Symbolik ein: Die präsentative Symbolik umfasst das, was gestisch, szenisch, in Bildern oder Musik dargestellt wird, während die diskursive Symbolik Sprache und Logik verwendet. Lorenzer (1986) unterscheidet vorsymbolische, sinnlich-symbolische und sprachsymbolische *Interaktionsformen,* womit er betont, dass das Symbolische über die Interaktionen mit Anderen in das Leben des Kindes Eingang findet. Damit der Mensch Erfahrungen symbolisch repräsentieren und verarbeiten kann, bedarf es der kombinierten Verwendung der verschiedenen Symbolisierungsformen.

Deserno (2006) ordnet die verschiedenen psychoanalytischen Symboltheorien vier symbolischen Modi zu, die sich nach- und nebeneinander entwickeln und in der konkreten Situation zusammenspielen. Zuerst entsteht das *sensomotorisch-interaktive System (Modus I)*, das nahe an der Körpererfahrung ist, zu dem somatopsychische Schemata und eine Protosymbolik gehören, zu der etwa Winnicotts Übergangsobjekt zu zählen ist. Danach entstehen parallel die Modi II und III.

Modus II ist das *expressiv-präsentativ-symbolische System*, wie von Langer eingeführt, mit seiner präsentativen Symbolik der nicht verbal ausdrückbaren Phänomene, der emotionalen Bilder wie in Träumen, Mythen, Bildern, der Musik. Hierzu gehört das primärprozesshafte Denken Freuds, das sinnlich ist, weder Zeit, Negation noch logischen Widerspruch kennt, sondern nach dem Primat der Wunscherfüllung funktioniert. Dieser Modus ist expressiv im Sinne von mimisch, gestisch, lautlich, harmonisch, gestalthaft. Er orientiert sich an Mustern und Konfigurationen. Gleichzeitig entwickelt sich das *sprachlich-symbolische System, Modus III,* mit der diskursiven Symbolik, formal-logischem, analytischem Denken, sekundärprozesshaftem Denken und der Orientierung am Realitätsprinzip.

Im *Modus IV,* den *Diskursformationen,* geht es schließlich um die Integration der Modi I, II und III in einem Prozess der intersubjektiv-symbolischen Verständigung, um die Vermittlung des Symbolisierten nach außen. Hier unterscheidet Deserno die beiden Diskursformationen *Poesie* (dominant expressiv) und *Wissenschaft* (dominant logisch), so wie auch Milner (1988/2006, S. 194) verschiedenen Formen der Kreativität unterschiedliche Symbolqualitäten zuordnet: »Die Kreativität in der Kunst schafft also ein Symbol für das Fühlen und die Kreativität in der Wissenschaft eines für das Wissen.«

Der kreative Prozess wird umso tiefgreifender sein, je mehr verschiedene Modi daran beteiligt sein können und je besser die Transformation im Modus IV in einen kommunizierbaren Diskurs gelingt. Auch in der alltäglichen Kommunikation greifen die vier symbolischen Modi ineinander, was erklärt, weshalb »ein sprachlicher Ausdruck nicht in erster Linie sprachsymbolische Bedeutung haben muss, sondern auch unter der Dominanz der sensomotorischen Protosymbolik oder der präsentativen Symbolik stehen kann« (Deserno, 2006, S. 356). Das kann natürlich zu vielerlei Missverständnissen führen, stellt aber beispielsweise auch die Grundlage dafür dar, dass über kreativtherapeutische Verfahren genauso wie über gesprächstherapeutische Zugänge Symbolisierungsprozesse ermöglicht werden können. Und es trifft nicht nur auf den Poeten oder den Wissenschaftler zu, sondern auf jeden lebendigen Menschen, was Pallasmaa (2013, S. 32) für den Künstler sagt: »Künstlerischer Ausdruck befasst sich mit präverbalen (noch nicht in Worte gefassten) Bedeutungen der Welt; Bedeutungen, die Teil von ihr sind und die erlebt statt einfach mit dem Intellekt verstanden werden.«

Die gleichzeitige Verfügbarkeit verschiedener Modi ermöglicht das Erleben jener körperhaften Lust am Schaffen, die Roland Barthes (1974, S. 26) beschreibt: »Die Lust am Text, das ist jener Moment, wo mein Körper seinen eigenen Ideen folgt – denn mein Körper hat nicht dieselben Ideen wie ich.« Das gleiche körpernahe Erleben findet Berger beim Zeichnen (zit. n. Gallnbrunner, 2016, S. 31): »Wenn ich zeichne – und darin unterscheidet sich das Zeichnen sehr vom Schreiben oder Nachdenken –, habe ich in bestimmten Augenblicken das Gefühl, an so etwas wie einem körperlichen Vorgang teilzunehmen, wie zum Beispiel dem Verdauen oder Schwitzen, also an etwas, das sich dem bewussten Wollen entzieht.«

Der Akt des Zeichnens strebe »nach einer Berührung mit etwas Ursprünglichem, etwas der Logik des Gedankens Vorausliegendem«. »Wenn ich zeichne, fühle ich mich ein wenig der Art und Weise näher, wie Vögel sich im Flug orientieren, Hasen auf der Flucht Deckung suchen, Fische wissen, wo sie laichen, Bäume den Weg zum Licht finden oder Bienen ihre Waben bauen.«

Daran anknüpfend beschreibt Marie-Theres Gallnbrunner (S. 31), wie in ihrem Erleben beim Malen »der Auftrag von Linien und Farben in Erkenntnis übergeht«: »Lauter kleine Geschichten in mir und so viele Bilder. Und Bildergeschichten. Die nur so rausfließen aus mir. .

Das ist schön. Und ich bin etwas auf der Spur: Den Überschneidungen, den Durchdringungen von Bild und Erkenntnis. Wo eine Linie in eine Fläche fließt und wie, so wird mir gleichzeitig etwas über Beziehungen klar. Mir wird klar (ich spüre ihn) den Zusammenhang zwischen Farben und Gefühlen, Bedürfnissen.« Und: »Ich merke meine Getriebenheit beim Malen – aber es ist eine lustvolle Getriebenheit« (S. 33).

Dies kann zu primärprozesshaften Erfahrungen von Aufhebung der Getrenntheit und Einssein führen, wie sie Paul Klee mit Bezug auf seine Eindrücke in Tunesien beschreibt: »Es dringt so tief und mild in mich hinein […]. Die Farbe hat mich. Ich brauche nicht nach ihr zu haschen. Sie hat mich für immer, ich weiß das. Das ist der glücklichen Stunde Sinn: ich und die Farbe sind eins« (zit. n. Otterbeck, 2007, S. 290).

Schon dem Material, mit dem gearbeitet wird, wohnt ein je spezifischer Aufforderungscharakter inne; es kann zum Beispiel unterschiedliche somatopsychische Erlebnismodi ansprechen. Deshalb kommt in der Gestaltungstherapie schon der Auswahl des Materials eine wichtige Rolle zu, weil dessen haptischer Gehalt, dessen Struktur, dessen Weichheit oder Härte ganz unterschiedliche Assoziationen hervorrufen und mehr oder weniger dafür geeignet sind, das auszudrücken, was das Subjekt darzustellen sucht.

Im kreativen Schaffen allgemein wie in den Kreativtherapien im Besonderen geht es entscheidend darum, die Affekte so auszuhalten, zu modulieren und zu verarbeiten, dass die Inhalte, an die die Affekte geknüpft sind, in eine symbolische Form gebracht werden können, ohne dass die Affekte den Versuch einer Formgebung sprengen. Dies betrifft besonders die Symbolisierungsmodi I und II, den *sensomotorisch-interaktiven* und den *expressiv-präsentativ-symbolischen* Modus, die reich an frühen emotionalen Färbungen sind. Das Scheitern kreativen Tuns an nicht integrierbaren Affekten sei am Beispiel eines musizierenden Patienten (Bolterauer, 2006) illustriert. Dieser wurde bei Auftritten von seinen Affekten so überwältigt, dass er nach dem Auftritt nicht mehr erinnern konnte, was und wie er gespielt hatte. Der Musiker scheiterte daran, die Qualität der Affekte in der Musik zu erfassen und umsetzen, weil ihn seine zu starken eigenen Affekte und begleitenden Phantasien daran hinderten. Der Sublimierungsfähigkeit des Musikers gelang es nicht, den autoerotischen Genuss am eigenen Spiel zugunsten einer kontrollierten Wiedergabe der Musik zu begrenzen. Die Lösung bestand darin, dass der Musiker mit Hilfe eines neuen Klavierlehrers lernte, seine bisherige genussdominierte »Spielhaltung« zu einer bewussteren »Arbeitshaltung« zu entwickeln.

»Ziel ist es, Vorstellungsinhalte während des Spielens zurückzudrängen, so daß es möglich wird, dem eigenen Spiel zuzuhören und es zu überwachen. Wird das Stück und die Technik beherrscht, kann das Erleben der Erregung (also die – auch körperliche – Wahrnehmung von Spannung, Höhepunkt, Entspannung) ohne Vorstellungsinhalte wieder stärker in den Vordergrund treten. Dies kann dann innerpsychisch eventuell wie ein Sog, ein Vorwärtsgedrängtwerden erlebt werden. Dem Interpreten bleibt dabei die Aufgabe, sein hochkomplexes Spiel weiterhin mit Hilfe seiner Ichfunktionen zu überwachen, sich also vom Affekt nicht überrollen zu lassen« (Bolterauer, 2006, S. 1183).

Das Beispiel weist auch auf die Bedeutung des Übens, des handwerklichen Könnens und die damit verbundene Anerkennung des Realitätsprinzips hin, sodass die emotionale Dynamik, insbesondere Größenphantasien, integriert werden kann und Gestaltungs- und Symbolisierungsprozesse gelingen.

Der Schutz des Symbolischen und das Bedürfnis nach Schönheit

In Situationen der Bedrohung scheint sich der Mensch geradezu an Symbole zu klammern, dies gilt für ganze Völker, die sich hinter ein Symbol scharen, genauso wie für das Individuum. Beim alten Menschen kann man sehen, wie er darunter zu leiden hat, dass die ihm vertraute Welt mit ihren Symbolen nicht nur subjektiv zunehmend zu verschwinden scheint, sondern dass dies auch objektiv aufgrund des kulturellen Wandels und der Vereinsamung der Fall ist. In einer regressiven Bewegung versucht er, auf das Altvertraute zurückzugreifen, an diesem, das nun eine übergangsobjekthafte Funktion bekommt, festzuhalten. Vielleicht kreiert er damit noch einmal etwas Neues, dass er dem alten Symbolischen, wie etwa den ihm vertrauten Liedern aus seiner Kindheit, eine andere Funktion gibt, nämlich die eines Sicherheit spendenden Übergangsobjekts.

Die Symbole zu benutzen – selbst wenn man sie »falsch«, etwa rein konkretistisch benutzt, wie in der Psychose – kann eine Versicherung, Beruhigung darstellen, weil man sich damit immer noch als Teil der sinnhaften symbolischen Ordnung sieht. Deshalb kann es noch in scheinbar aussichtslosen Situationen helfen, etwas Symbolisches zu finden oder zu erschaffen, unter dessen Schutz man sich stellen kann, das man zwischen das Selbst und seine drohende Auslöschung stellen kann. Wenn der oder die Gläubige sich vom Teufel bedroht fühlt und diesem das Kreuz entgegenstreckt, dann steht das Kreuz für das göttliche Dritte, das helfen kann, auch deshalb, weil es die Verbindung zur übergeordneten Sphäre des kulturellen Symbolsystems repräsentiert, die den symbolischen Zusammenhang aller Dinge und deren Sinn repräsentiert.

Lars von Triers Film »Melancholia« (2011) mündet in eine solche Zuflucht zu einem universellen Symbol. Der Untergang der Erde steht unmittelbar bevor, weil sie mit dem Planeten Melancholia kollidieren wird. Angesichts dieser unausweichlichen Katastrophe beginnen die beiden Schwestern Justine und Claire und Claires Sohn Leo Äste zu sammeln, sie bauen daraus eine symbolische Hütte, setzen sich hinein und halten sich an den Händen (siehe Abbildung 1). Sie erschaffen eine symbolische Hülle, einen schützenden Uterus. Dies wird die reale Katastrophe nicht aufhalten, bewahrt sie aber vor der psychischen Katastrophe, der Auflösung in Panik noch vor dem Eintreten der realen Katastrophe, weil sie mit der Aufrechterhaltung der symbolischen Struktur der Welt zugleich ihre eigene psychische Struktur intakt halten können. Dabei verleugnen sie in keiner Weise das bevorstehende Ende, worauf ja schon das Material verweist, das sie verwenden – abgestorbene Äste.

Abbildung 1: Szene aus »Melancholia« (Lars von Trier, 2011, © Concorde Home Entertainment)

Weil sie den Tod nicht verleugnen, sondern symbolisieren, gelingt der kreative Akt und sie bleiben auch angesichts des Untergangs als psychische Wesen intakt, wie dies etwa auch Menschen gelingt, die im Gefängnis Gedichte schreiben oder im KZ musizieren. Gerade angesichts des Todes spielt es wie in allen anderen für die psychische

Integrität bedrohlichen Situationen eine zentrale Rolle, dem Menschen auch von außen zu helfen, libidinöse Besetzungen und Symbolisierungen zu erhalten und einen kreativen Umgang mit dem Herannahenden zu ermöglichen (vgl. Grieser, 2011, 2013).

Die Schutz gebende Funktion des Symbolischen kommt auch in der Therapie eines jungen Künstlers zur Sprache, der den Kern seines kreativen Schaffens darin sah, dass er in seinen Bildern das Negative darstellen konnte und dass dieses damit eine Art von Schönheit bekam: Die Schönheit funktioniere nur, indem er das Negative male, die Hoffnungslosigkeit. Doch dann sei irgendwie in seinen Bildern eben doch immer ein Schimmer Hoffnung. Wenn Bilder missraten, dann habe das Negative die Oberhand gewonnen, so wie es in der Welt generell auch sei. Wenn seine Arbeit hingegen gelinge, dann könne er sich darüber erheben »wie ein Engel, der aber immer noch das Elend sieht und am Grab weinen kann«.

In der Phantasie, sich wie ein Engel zu erheben, findet die Schutz gebende Funktion des vom Kreativen erschaffenen Symbolischen ihr Bild. Die kreative Schöpfung stellt ein triangulierendes Drittes dar, welches dem Patienten ermöglicht, sowohl mit der Welt und all dem Negativen darin in Kontakt zu bleiben als auch einen aushaltbaren Abstand dazu zu gewinnen. Der Künstler selbst wird zum Engel, der das Elend sieht und trauern kann, aber selbst nicht vernichtet wird. Engel sind auch eine Form von elterlichen Objekten, der Schutzengel wacht sogar noch besser als eine Mutter oder ein Vater über das Kind, weil er einer übergeordneten Sphäre des Wissens angehört. Wenn das kreative Schaffen gelingt, wird der Künstler selbst zum Engel und kann sich mit den von ihm selbst kreierten Objekten auch selbst beschützen und ist nicht mehr auf den Schutz der realen äußeren Objekte angewiesen.

Wie der junge Künstler spricht auch Anselm Kiefer (2015, S. 36) davon, dass es neben der Darstellung des Negativen in seinen Bildern »aber doch diese Suche nach der Schönheit« gebe: »Dazu sind Künstler verdammt. Es stimmt: Auch beim schlimmsten Objekt oder Thema, das ich darstelle, wird es immer schön. Geht gar nicht anders.

Das ist natürlich ein Widerspruch – aber es ist so.« Man kann das Empfinden des Schönen einfach mit dem des Gelingens gleichsetzen oder, wie Freud, als Merkmal dafür, dass das Anstößige und Hässliche erfolgreich abgewehrt werden; der Künstler »stellt zwar seine persönlichen Wunschphantasien als erfüllt dar, aber diese werden zum Kunstwerk erst durch eine Umformung, welche das Anstößige dieser Wünsche mildert, den persönlichen Ursprung derselben verhüllt und durch die Einhaltung von Schönheitsregeln den anderen bestechende Lustprämien bietet« (1913j, S. 417).

Bereits früher hatten wir gesehen, dass das Kriterium der Schönheit nicht nur dafür stehen kann, dass es gelungen ist, beunruhigende Inhalte zu symbolisieren und in eine akzeptable, für andere nachvollziehbare Form zu transformieren, sondern dass die Wiedergutmachung einer zuvor phantasierten Zerstörung gelungen ist. Insofern kann auch der Bau einer Hütte oder das Verfassen eines Gedichts unbewusst für die Aufhebung der bevorstehenden Katastrophe stehen.

Genügt die gefundene Lösung dem ästhetischen Kriterium der Schönheit, so scheint die Lösung in der Regel gelungener, als wenn das Hässliche und Abstoßende dominieren. Dies vermittelt sich auch dem Rezipienten eines Werks, der sich identifikatorisch sowohl in den vom Künstler bewusst oder unbewusst dargestellten Themen und Konflikten wiedererkennt als auch an der Lösung, die der Künstler gefunden hat, partizipiert.

Einen Schritt weiter geht Meltzer (Meltzer u. Williams, 1988), der im Bedürfnis nach Schönheit selbst einen Antrieb der Kreativität sieht, im »ästhetischen Konflikt«, in den das Baby der Anblick der Mutter und die gelingende sinnlichen Erfahrung mit ihr stürzen. Denn von da an stehe das Kind vor dem unlösbaren Rätsel, wie es sich die Quelle dieser Schönheit, das Innere der Mutter, vorstellen soll. So gesehen treffen sich im Aspekt der Schönheit die allerersten gelungenen sinnlichen Erfahrungen mit der Erfahrung von Schutz und Geborgenheit.

Angst im kreativen Prozess

In der Erzeugung von Symbolischem besteht in jedem Entwicklungsalter und auf jedem Entwicklungsniveau eine Möglichkeit zur Sublimierung und Bewältigung von etwas, das einen sonst nur stumm und von niemand anderem wahrnehmbar quälen würde, was oft ganz direkt an Erfahrungen in der Kindheit anknüpft. So berichtet die psychisch kranke Malerin Mindy Alper, dass sie schon immer zeichnete, um ihre Ängste in Schach zu halten, und dass sie dies auch als Erwachsene noch brauche, um ihr Leben aushaltbar zu machen. »Meine Angstzustände verstärken sich, wenn ich nicht zeichne«, sagt Alper (zit. n. Bodin, 2018, S. 19). »Als Kind empfand ich das Zeichnen als einen Ort, an dem alles möglich war, ohne dass jemand wütend auf mich war. Es war und ist der einzige Ort, an dem ich mich sicher fühle.«

In der Adoleszenz wird besonders deutlich, welch wichtige Rolle die Sublimierung als Mechanismus spielen kann, der den durch den zunehmenden Triebdruck in seiner Verarbeitungsmöglichkeit überforderten Jugendlichen vor einem Entwicklungszusammenbruch schützen kann (Ladame, 2018). Traumatische Erfahrungen können diesen Druck noch verstärken. Dies führt zur bekannten extensiven Suche nach kreativen Ausdrucksmöglichkeiten bei Adoleszenten, die dann bei vielen mit dem Übergang ins Erwachsenenalter, wenn das Ich über bessere Abwehrmechanismen verfügt, wieder stark zurückgehen. Möglicherweise sind die Ängste und Traumata der Adoleszenz aber nicht ausgeheilt, und die Ängste vor einer Überflutung des Selbst kommen in späteren Lebensphasen wieder zum Ausdruck, wenn es erneut um Transformationen des Selbst mit der Gefahr von traumatischem Überwältigtwerden geht. Ladame verweist dafür auf Darstellungen der Auflösung in den Spätwerken von Künstlern wie Leonardo, Dürer oder van Gogh.

Die Angst, die den kreativen Prozess mehr oder weniger bewusstseinsnah begleiten kann – »Werde ich es schaffen?« –, kann vielen Quellen entspringen, den Themen und Konflikten, die aktiviert sind und verarbeitet werden, den mobilisierten Erinnerungen, den Traumatisierungen des Patienten oder Künstlers, aber auch der beschriebenen Dynamik von paranoid-schizoider und depressiver Position. Sogar das kindliche Spiel kann, wie wir gesehen haben, von Angst begleitet sein, weil es Erregung auslöst und oft mit einem gewissen Wagnis und dem Überschreiten von Grenzen verbunden ist.

Ehrenzweig beschreibt, wie sich diese Angst im Übergang von der paranoid-schizoiden zur depressiven Position wandelt. Er geht davon aus, dass die Persönlichkeit des Künstlers notwendigerweise »gebrochen« (1967/2008, S. 80) sei und dass er, um überhaupt kreativ tätig zu werden, fähig sein müsse, »diesen Zustand zu ertragen, ohne quälende Angst zu empfinden«. In einem »schizoiden« ersten Stadium projiziere der Künstler (oder Patient) »gebrochene Teile des Ichs auf die Arbeit«, er erlebe diese seine unbewussten Projektionen »noch als gebrochen, zufällig, fremdartig und quälend« (S. 81). In der darauffolgenden zweiten, manischen Phase der Formgebung »verhält das Werk sich wie ein empfangender ›Schoß‹. Er enthält die Bruchstücke und integriert sie – dank der unbewussten Überprüfung des Werks durch den Künstler – zu einem kohärenten Ganzen (der unbewussten Substruktur oder Matrix des Kunstwerks).« In der dritten Phase reintegriert der Künstler sein Werk und damit die neue, fertig integrierte Struktur »auf einer höheren, fast-unbewussten Stufe« (S. 82) und kann damit durch die bessere Integration der zuvor abgespaltenen Teile sein Ich bereichern und stärken.

Auch diese Phase der Reintegration ist von heftiger Angst begleitet, weil »die undifferenzierte Substruktur der bewussten Analyse notwendigerweise als chaotisch erscheinen muss« (S. 80). »Aber wenn alles gut geht, ist die Angst jetzt nicht mehr quälend (paranoid-schizoid) wie in der ersten Phase, sondern eher depressiv; der Künstler findet sich mit der Unvollkommenheit ab und hofft auf eine Integration in der Zukunft.« Der Künstler betrachtet am Schluss sein Werk aus der Distanz, als handle es sich um das Werk eines anderen. Hier findet also ein Schritt der Triangulierung statt, der Künstler nimmt eine dezentrierte Position in Bezug auf sein Werk ein. Es ist vergleichbar mit dem Erwachen aus einem Traum. Hier »wird die unabhängige Existenz des Kunstwerks am stärksten spürbar. Es verhält sich wie ein lebendiger Mensch, mit dem wir ein Gespräch führen« (S. 81).

Das Werk als Container des Unbewussten

Kann der Künstler oder Autor sein Werk, wenn es abgeschlossen ist, zunehmend wie von außen betrachten, so können ihm aus dieser Distanz nun auch Spuren des eigenen Unbewussten darin auffallen. So sagt die Schriftstellerin Zeruya Shalev (2015): »Schreiben ist für mich eine sehr tiefe Verbindung mit anderen Bewusstseinszuständen, im besten Fall. Ich bekomme es dann mit Dingen zu tun, die mir zuvor unbekannt waren […] Wenn ich tags darauf das Geschriebene lese, frage ich mich oft: Hoppla, woher ist das jetzt gekommen?«.

Die Frage ist nur, wie sehr der Autor des Werks diese durch das Werk unbewusst gehaltenen oder abgewehrten Inhalte überhaupt wahrnehmen möchte. Denn es kann für den Künstler ebenso wie für einen Patienten auch gefährlich werden, mit den bedrohlichen, gerade noch abgewehrten »gebrochenen« Elementen in seinem Werk erneut in Kontakt zu kommen, nachdem er sie gerade in seinem kreativen Akt integriert und nun besser abgewehrt hat. »Die Konfrontation mit dem eigenen Werk läuft stets Gefahr, heftige Angstgefühle auszulösen, und hat oft genug eine nicht wiedergutzumachende vernichtende Wirkung«, schreibt Ehrenzweig (1967/2008, S. 84). Man wolle nur sehen, was man bewusst in sein Werk hineingelegt hat, und nicht mit den Anteilen, die der eigenen gebrochenen Persönlichkeit entspringen, konfrontiert werden.

Für den Psycho- oder Kreativtherapeuten bedeutet dies, dass die Aufgabe des Therapeuten als Drittem zunächst einmal darin besteht, bei der Entstehung eines Werks zu helfen. Gegenüber diesem entstehenden Werk erlebt sich der Patient oft vorwiegend in einem dyadischen Verhältnis. Der Therapeut muss dann sehr sorgfältig überlegen, was er davon aus der triangulierenden Position des Dritten heraus auf welche Weise ansprechen will, falls das denn überhaupt nötig ist.

In der Supervision berichtet eine Therapeutin von den Stunden mit einem geistig behinderten Jungen, der immer wieder die Szene aus der bekannten Heidi-Geschichte spielt, als Heidi die Alp verlassen soll, um ins ferne Frankfurt zu gehen. Der Großvater will Heidis Abreise unbedingt verhindern, doch wie in der Geschichte selbst so gelingt es auch im Spiel nie, den Gang der Geschichte anders zu gestalten und die Trennung abzuwenden. Die Therapeutin spielt die ihr zugedachte Rolle, unzufrieden, weil sie nicht versteht, was der Patient darstellt. Sie betrachtet das Spiel als Spiegel der Lebensrealität des Patienten und möchte das im Spiel Symbolisierte in Erfahrungen des Patienten übersetzen.

Ich antworte als Supervisor mit dem Gedanken, dass vielleicht gerade das den Erfolg solcher Geschichten und kollektiver Mythen wie Heidi oder früher der Märchen erklärt, dass nie ganz klar ist, was da alles hinter der Oberfläche der manifesten Geschichte dargestellt wird. Weil so viele unbewusste Bedeutungen in diesen Geschichten mitenthalten sind, widersetzen sie sich dem Versuch, sie auf *eine* Geschichte zu reduzieren, und eignen sich dafür, viele andere Inhalte zu transportieren, die dabei ungesagt, vorbewusst bleiben können. Doch man kann alle diese Bedeutungsfacetten nutzen und damit einen Entwicklungs- oder Verarbeitungsprozess durchlaufen, auch ohne dass alles expliziert und sprachlich gefasst werden muss. Denken wir etwa an die deutungsfreie Spieltherapie, wie sie von Hans Zulliger programmatisch unter dem Titel »Heilende Kräfte im kindlichen Spiel« (1952) vertreten wurde, oder an die ausdrucksfördernde Arbeit Arno Sterns im Malatelier des »Closlieu«, wo jeder Kommentar zu den Bildern der Kinder vermieden wurde.

Darauf fällt der Therapeutin ein, dass der Junge kürzlich von einem Streit mit einem anderen Jungen berichtete und sie ihm dann vorschlug, sie könnten das gerade mal spielen. Das lehnte er jedoch mit der Begründung ab, das sei ihm »zu nah an der Realität«. Damit konnte er also deutlich zum Ausdruck bringen, dass er nicht einfach die Wiederholung der Realität im Spiel zur Verarbeitung brauchte, sondern Verfremdung, Umformung, um einen Abstand zum Realen zu erschaffen.

Entsprechend heikel ist auch die Frage, ob man Patienten einladen soll, ihre Werke mitzubringen, vorzuspielen oder vorzuzeigen. Oft haben sie sie schon auf ihrem Smartphone als Tonaufnahme oder Foto dabei. Die Gefahr ist nicht nur, dass das Werk beim Therapeuten, der den kreativen Prozess in einer oft idealisierenden Grundhaltung begleitet hat, Enttäuschung auslösen könnte, sondern auch, dass der Blick des Therapeuten auf das Werk und das, was er davon anspricht, genau jene Anteile bewusst machen könnte, die im Werk gerade neu integriert wurden und vorbewusst gehalten, abgewehrt werden sollen. Der Psychotherapeut kann dieser Ambivalenz dadurch entkommen, dass er weniger das konkrete Werk thematisiert als vielmehr den kreativen Prozess als Ich-Leistung des Patienten unterstützend spiegelt und besetzt. Wenn Novalis schrieb: »Im Kunstwerk muss das Chaos durch den Flor der Ordnung schimmern« (zit. n. de Botton, 2008, S. 188), so bedeutet das für die Therapie, dass wir nicht auf dieses Chaos deuten, sondern uns mit den Patientinnen und Patienten zusammen über die gelingende Gestaltung dieses Chaos freuen.

Das Werk als Selbst und Objekt

Es gibt unzählige Zeugnisse für die Phantasie von kreativen Menschen, sich in ihrem Werk selbst zu erschaffen. Prominentes Beispiel für einen Künstler, der sich immer wieder neu erschafft, ist Bob Dylan, der nicht davor zurückschreckt, die Musik, die er erschaffen hat, ebenso wie das Bild, das von ihm existiert, immer wieder zu zerstören und damit sein Publikum zu enttäuschen – die Voraussetzung dafür, sich immer wieder neu erfinden zu können. Nicht genug, dass Dylan sich immer wieder neu erfindet, auch viele andere haben sich nach seinem Vorbild erfunden, wie etwa Patti Smith (2010, S. 289): »Bob Dylan hatte den Club betreten. […] Ich empfand diese Nacht wie eine Initiation, in der ich in Gegenwart des Menschen, nach dessen Vorbild ich mich erschaffen hatte, endgültig ich selbst wurde.«

Das Werk kann auch als ein Gegenüber erlebt werden oder als ein Drittes, das die Beziehung zur Welt zu regulieren hilft. Oder das einen sogar retten kann. So sagte der schon erwähnte junge Maler in der Therapie, als er sich sicher war, dass »es« funktionierte, die kreative »Maschine« lief und er immer weitere Bilder würde malen können: »Es droht die Apokalypse. Doch meine Bilder können mich retten.« Wenn seine Bilder fertiggestellt seien, bekämen sie ein Eigenleben draußen in der Welt (wie die Engel). Was sie dort auslösen würden, unterliege nicht mehr seinem Einfluss, doch könne er hoffen, dass sie etwas Gutes für ihn bewirken würden. Sie könnten zum Beispiel ermöglichen, dass er von der Malerei würde leben können und nicht in einem entfremdenden Berufsalltag zugrunde gehen müsse.

Der schöpferische Geist, meint Ehrenzweig (1967), erschafft mindestens eine gute Objektbeziehung, nämlich die des Schöpfers zu seinem Werk. Nachdem sich der Künstler zunächst einmal von schwierigen Gefühlsbindungen in sein kreatives Schaffen zurückgezogen und diese durch Gedanken, Vorstellungen und Phantasien ersetzt habe, erschaffe er sich in seinem Werk ein quasi objektales Gegenüber, meint auch William Niederland (1976). In diesem Prozess trete am Ende an die Stelle von Verlust und Ohnmachtserleben das schöpferische Produkt und stärke das gefährdete Selbstgefühl des Künstlers.

Müller-Braunschweig (1977, S. 835) beschreibt den intensiven Gefühlsaustausch, der mit dem Werk als einem Gegenüber, »das während des Malprozesses selbständiges Leben gewinnt«, möglich ist. »Der Maler ringt mit dem Bild, jede neue malerische Handlung – jeder Pinselstrich – löst eine ›Antwort‹ des entstehenden Bildes aus, die befriedigend oder enttäuschend sein kann. Es handelt sich also um einen engen, averbalen Kontakt mit einem selbst geschaffenen Objekt, das – eben dadurch, dass es selbst und eng mit der eigenen Persönlichkeit verbunden ist – als beherrschbar und nicht als beängstigend erlebt werden kann«. Das fertige Werk wirkt auf den Künstler zurück und kann, wenn es gelungen ist, narzisstische Lücken der eigenen Persönlichkeit ausfüllen. Der Schaffende erlebt während seines Schaffens im Spiegel seines Werkes die Möglichkeit, integriert und ganz zu sein oder zu werden.

Wie das kreative Werk als ein Drittes die Beziehung zur Welt regulieren und erleichtern kann, lässt sich mit dem Fototermin der Bildhauerin Louise Bourgeois beim Fotografen Robert Mapplethorpe illustrieren. Der Gang zu Mapplethorpe machte sie nervös, so kam sie auf die Idee, ein Requisit mitzunehmen, und zwar ihre Skulptur *Fillette,* einen überdimensionierten Penis (Mapplethorpes Aufnahme von Bourgeois mit *Fillette* ist im Internet, auch in Grieser, 2011, S. 369, zu finden).

»Ich wußte, das Halten und Wiegen der Plastik würde mir Mut machen«, schreibt Bourgeois (1998/2001, S. 216), also der körperliche Kontakt mit dem Objekt, wie beim erwähnten Skater, der sein Skateboard auch nicht nur dabeihaben, sondern spüren und fühlen können musste. Das Wiegen erinnert auch an die Wiegebewegungen, mit denen eine Mutter ihr Kind beruhigt. Dies ist die Seite des Übergangsobjekts. Am liebsten wäre es Bourgeois allerdings, wenn nicht sie selbst, sondern nur ihr Werk in Erscheinung, vor die Linse des Fotografen treten müsste: »Mein Werk vertritt mich in der Tat besser als meine physische Präsenz.« Das symbolische Werk könnte an die Stelle ihrer physischen Anwesenheit treten.

Man kann sich gut vorstellen, welchen Effekt der Phallus auf Robert Mapplethorpe gehabt haben muss, umso mehr, als er homosexuell war: In der Dreierkonstellation *Louise Bourgeois – Phallus – Robert Mapplethorpe* konnte Bourgeois wohl davon ausgehen, dass der Blick und die Aufmerksamkeit Mapplethorpes nicht nur auf ihr haften würde, sondern sich ebenso sehr »ihrem« Phallus zuwenden würde, und dass sie dann vielleicht nicht gleich über sie, Louise Bourgeois, reden würden, sondern über ihre ungewöhnliche Idee, mit einem Phallus einzumarschieren. Ein gutes Beispiel dafür, wie ein Drittes die Beziehung zwischen zweien verändern kann.

Bei dem Phallus handelt es sich um eine Skulptur, die Bourgeois 14 Jahre vor dem Besuch bei Mapplethorpe im Rahmen ihrer inneren Auseinandersetzung mit dem von ihr verurteilten Vater erschaffen hatte. Auch in diesem Kontext hatte diese Skulptur also schon die Rolle eines Dritten in der Beziehung zu einem wichtigen männlichen Gegenüber gehabt. Indem Bourgeois diesem Phallus dann den Namen »Fillette« [»kleines Mädchen«] gab, definierte sie ihn entgegen allen Konventionen und konnte ihn damit nicht nur in Bezug auf den Vater, sondern auch in Bezug auf die Bedeutung des Phallus im väterlichen Symbolsystem verändern. Zugleich konnte sie sich mit der Erschaffung ihres eigenen Phallus auch ein Stück weit narzisstisch komplettieren.

Wie das Objekt, das der kreative Mensch erschafft, nicht nur Selbst oder Objekt sein kann, sondern auch Abbild der Beziehung des Kreativen zu seinem Motiv ist, beschreibt Berger (1985/1999, S. 200), als er der »Trauer in Claude Monets Augen« nachgeht. Berger zitiert Monet, der sagte: »Das Motiv ist ganz zweitrangig für mich; was ich darstellen will, ist das, was sich zwischen dem Motiv und mir abspielt« (S. 205). Das Motiv ist verloren und kann durch die Malerei nicht wiederhergestellt werden, im Gegenteil zwinge einen die impressionistische Malerei – und dies sei ihr Programm, meint Berger –, die Abwesenheit des Gemalten zur Kenntnis zu nehmen: »Was ein impressionistisches Bild zeigt, ist so gemalt, *daß man gezwungen ist zu erkennen, daß es nicht mehr da ist*« (S. 206). So wie es Monet beim Malen ergeht, erlebt es auch der Betrachter; dessen Wahrnehmung »entspringt dem, was sich *zwischen* dem Betrachter und dem Bild abspielt, nicht mehr dem, was sich *im* Bild abspielt« (S. 206).

Monets ganzes Werk kreist um die Erinnerung, meint Berger, er wollte seine Erinnerungen in seinen Bildern auflösen, die Bilder sollten sie aufnehmen und bewahren. Er überarbeitete seine Bilder endlos, »um das Wesen des Gartens zu bewahren, den er angelegt hatte und den er als alter Mann mehr als alles andere auf der Welt liebte. Der gemalte Seerosenteich barg die Erinnerung an alle Teiche« (S. 208). Der Impressionismus löste auch die zuvor gültige Konvention eines gemeinsamen Bezugs von Malern wie Betrachtern auf eine geteilte Bilderwelt auf, was dazu führte, dass sich nun »Maler wie Betrachter vor dem Bild so allein fanden wie nie zuvor, und heftiger verfolgt von der Angst, daß die eigene Erfahrung vergänglich und bedeutungslos sei« (S. 209).

Eine andere Art von Beziehung, nämlich eine, von der der Künstler ebenso wie der Rezipient ausgeschlossen ist, treffen wir in Edward Hoppers Bildern an. Die Kunst Hoppers besteht darin, die Erfahrung des Ausgeschlossenseins malerisch zu inszenieren und dadurch aushaltbar zu machen, dass sie in ein »lustvoll-schönes, ein erhabenes« (Bayer, 2015, S. 245) ästhetisches Gefühl transformiert wird. Am Beispiel von Hoppers Bild *Lighthouse Hill* (1927, reproduziert in Bayer, 2015; auch im Internet) zeigt Bayer auf, wie der Betrachter gegenüber Hoppers Bildern in die Position des ausgeschlossenen Dritten gerät: Von unten, wie aus der Perspektive eines Kindes, sehen wir oben zwei Gebäude, ein Haus und einen Leuchtturm. Der Hügel unterbricht den Kontakt zu diesen Objekten, die von der Sonne angeschienen werden und eine Aussicht haben, die für den Betrachter nicht zugänglich ist. »Das Bild erscheint wie eine Allegorie der elterlichen Einheit, von der das Subjekt ausgeschlossen bleibt« (S. 245). Hopper stellt die begehrten Objekte dar, »indem er ihrer Unverfügbarkeit nachgeht«, die Objekte sind nicht nur nicht erreichbar, sondern scheinen darüber hinaus Dingen zugewandt, von denen wir nichts wissen, weil wir sie nicht sehen können.

Der Künstler muss sich von seinem Werk trennen, es loslassen können, wenn es eine Wirkung draußen in der Welt entfalten soll. Das Werk als Träger von intimen Wünschen und Phantasien kann nicht nur für sich selbst existieren, wenn es bei anderen etwas anrühren soll; dafür muss es eine Beziehung zwischen Schöpfer und Außenwelt herstellen und Inhalte vom Schöpfer zu den Rezipienten transportieren. So wurde in der Therapie des erwähnten jungen Künstlers, der in der Verarbeitung des Negativen den Kern seines Schaffens sah, deutlich, dass sich seine Bilder nicht nur auf die Darstellung des Schlechten der Welt beschränken sollten, sondern dass er mit diesen Bildern die anderen, die Betrachter, die das Negative der Welt nicht sehen wollen, »anritzen«, es sie spüren lassen, ihnen wehtun konnte, was ihn mit Genugtuung erfüllte. Damit trat er in seiner Vorstellung in einen quasi körperlichen Kontakt mit anderen, konnte diese etwas spüren lassen, was ihn sonst allein in seiner inneren Welt beschäftigte und quälte.

Dann erfordert natürlich auch die Phantasie des Werks als transzendentes Unsterblichkeitsobjekt, dass der Erschaffer sich von ihm trennt, es loslässt und ihm draußen in der Welt eine eigene Existenz zutraut. So wie Freud die Psychoanalytikerin Joan Riviere aufforderte: »Schreiben Sie's auf, schreiben Sie's auf, halten Sie es schwarz auf weiß fest … bringen Sie es heraus, gestalten Sie es, machen Sie etwas daraus – außerhalb Ihrer selbst, darauf kommt es an; geben Sie ihm eine Existenz, die von Ihnen selbst unabhängig ist« (Riviere, 1958, zit. n. Jaques, 1965, S. 305). Das Werk wird auch nach seiner Fertigstellung weiterwirken oder eine neue Art von Wirkung entfalten, wie die Malerin Kristina Schuldt beschreibt: »Gelungene Bilder haben eine Wirkung auf den Raum. Wenn ich sie fertig gemalt habe, arbeiten sie weiter für mich« (Nedo, 2018, S. 53).

Überschreiten der Grenzen

Etwas Neues kommt durch die Überschreitung der Grenzen des Bisherigen, des Gegebenen zustande. Dem lustvollen, aus freiem Willen die eigenen Grenzen Überschreitenwollen stehen die Situationen gegenüber, in denen die Grenzen aus anderen Gründen unsicher sind und Psychisches in einer neuen Form organisiert werden muss. Kreative Menschen sind in der Regel solche, die neugierig sind und Lust haben, Grenzen zu überschreiten und Neues zu lernen. Oder die Schwierigkeiten haben, sich in den vorgegebenen, konventionellen Formen und Strukturen zu organisieren. Kreative Menschen zerstören auch immer wieder mehr oder weniger bewusst und absichtsvoll die bestehenden Formen und suchen oder provozieren die Grenzüberschreitung, um den Motor des kreativen Prozesses am Laufen zu halten. Notwendig ist insbesondere, die Grenzen der gewohnten Wahrnehmungs- und Denkgewohnheiten zu überschreiten und die eigenen, konventionellen Bewertungsschemata in Frage zu stellen.

Grenzen werden nicht nur auf der Ebene von Phantasien, Vorstellungen und Denkgewohnheiten überschritten, sondern auch im Kleinen, im konkreten handwerklichen Umgang mit den vom Material vorgegebenen Grenzen und Randbedingungen: »Solange ein Künstler an der Arbeit ist, ist er sich bewußt, dass die Mittel, über die er verfügt – dazu gehören seine Materialien, der Stil, den er übernimmt, die Konventionen, denen er sich fügen muß, der ihm vorgeschriebene oder frei gewählte Gegenstand –, sowohl eine Möglichkeit wie eine Beschränkung darstellen. Indem er arbeitet und die Möglichkeiten nutzt, wird er sich einiger ihrer Grenzen bewußt. Diese Grenzen fordern ihn heraus – auf einer handwerklichen, einer magischen oder einer imaginativen Ebene. Er stößt gegen eine oder mehrere dieser Grenzen vor. Seinem Charakter und seiner historischen Situation entsprechend, variiert das Ergebnis dieses Vorstoßes zwischen einer kaum wahrnehmbaren Abwandlung der Konvention – wobei er nicht mehr verändert, als die Stimme eines Sängers eine Melodie verändert – und einer ganz originären Entdeckung, einem Durchbruch« (Berger, 1985/1999, S. 217 f.).

Lebt man nicht sowieso am Rande oder außerhalb der üblichen Konventionen, so kann man versuchen, mit Hilfe von Drogen, Abenteuern, stetiger Veränderung, Erzeugung von Chaos, Regelverstößen die eigenen verfestigten Strukturen aufzubrechen, um Neues wahrnehmen und entstehen lassen zu können. Sich nicht einpassen zu *können* in die bestehenden Konventionen und Grenzen überschreiten zu *wollen* geht nahtlos ineinander über. Manchmal geschieht einem dies auch völlig unbeabsichtigt, wie Albert Hofmann mit der Entdeckung des LSD.

Ein Beispiel für das Zusammentreffen von vielfältiger Kreativität und Grenzüberschreitungen verschiedenster Art ist die Malerin, Illustratorin, Übersetzerin und Modegestalterin Ilna Ewers-Wunderwald (1875–1957), die eine eigene Variante einer fantastischen Jugendstilmalerei entwickelte. Sie war Teil der Jugend- und Reformbewegung ihrer Zeit und suchte eine Lebensform außerhalb der bürgerlichen Konventionen. Dazu gehörte neben halluzinogenen Drogen, dass sie als eine der ersten Frauen ihrer Zeit die weiblichen Rollenvorstellungen sprengte, indem sie Männerkleider und die Haare kurz geschnitten trug oder sich zu Fuß auf eine Weltreise begab. Ausgedehnte Reisen führten sie bis nach Indien; in ihrem Werk verarbeitete sie spirituelle und mystische Traditionen anderer Kulturen, die sie unterwegs kennenlernte. Noch im Alter beschäftigte sie sich mit postsurrealen, psychedelischen und transrationalen Zugängen zur Welt.

Die Eindrücke der indischen Kultur, die so andersartig war und so sehr primäre Sinneswahrnehmungen ansprach, sprengten geradezu zwangsläufig alle gewohnten Dimensionen der Wahrnehmung und des Erlebens. So schrieb Ewers-Wunderwald in ihr Reisetagebuch: »Die Phantasie wird bis zur Ausschweifung in die Höhe getrieben. Die Einbildungskraft wird durch den indischen Wahnsinn gesteigert – man lebt wie in einem schweren Opiumrausch. Man lächelt über den lieben Herrn Jesus mit seinem blonden Haar und dem faden Gesicht. In Indien da gehört der Gott Shiwa und sein Lingam hin« (zit. n. Brömsel, 2019, S. 54).

Als sie nach ihrer Rückkehr nach Deutschland begann, in ihrer Kunst diese rauschhaften und beunruhigenden Erfahrungen in Indien zu verarbeiten, bekommt sie Angst vor diesem Unterfangen: »Ich fürchte mich vor dem, was entstehen wird« (S. 56). Eine Lösung findet sie unter anderem, indem sie sich künstlerisch intensiv mit der Göttin Kali beschäftigt, die – nicht zufällig in unserem Zusammenhang, wenn es um den kreativen Prozess geht – als Göttin des Todes sowohl für Zerstörung und Auflösung als auch für Erneuerung steht (siehe Abbildung 2).

Eine bei kreativen Menschen häufige Transgression betrifft die Sexualität und die Geschlechtsidentität. Die Weigerung, sich damit zufrieden zu geben, Sexualität nur im normativen Sinne einer genitalen heterosexuellen Sexualität zu leben oder nur einem klar abgegrenzten Geschlecht anzugehören, kann natürlich auch ganz grundsätzlich eine Verweigerung der Begrenztheit des eigenen Selbst darstellen. McDougall beschreibt in ihrem »Plädoyer für eine gewisse Anomalität« (1979), wie die Palette verschiedenster sogenannter »perverser« Formen von Sexualität der phantasierten Verleugnung der eigenen Begrenztheit und der kreativen Überschreitung der Grenzen des eigenen Seins dienen kann. »An die Stelle von Begehren entwickelt sich die Fantasie, die eigene Identität ohne schmerzliche Einschränkung verwirklichen zu können« (von Klitzing, 2018, S. 212). Auch Virginia Woolf (1929/2001, S. 102) sah die Offenheit des Geschlechtserlebens als für die Kreativität förderlich an und propagierte eine »Zusammenarbeit« von männlichen und weiblichen Anteilen der Person, damit die Schöpfung aus einer »Art Hochzeit der Gegensätze« entstehen könne. Und zuletzt sei in diesem Zusammenhang auch noch Sarah Pines (2018, S. 31) zitiert, die klarstellt, dass Kreativität und moralische Konventionalität und Korrektheit tendenziell in einem Widerspruch zueinander stehen: »Aber, und auch wenn es einem gegen den Strich geht: Kunst kommt oft durch unmoralische und voyeuristische, durch aggressive, sadistische, manchmal pornografische Energien zustande.«

Abbildung 2: Ilna Ewers-Wunderwald, Kali, um 1910/11

Künstliche Melancholie

Viele Kunstschaffende, Wissenschaftler, Dichter wollen nicht nur, sondern müssen kreativ sein, um existieren zu können. »Wenn ich nicht schreiben würde, hätte ich mich schon umgebracht«, hält Mario Vargas Llosa (2019) fest: »Mein grosser Traum ist es, zu sterben, während ich schreibe, mit dem Füllfederhalter in der Hand.« Kreative Menschen halten geradezu zielstrebig ihre psychische oder psychosoziale Situation labil, um die inneren Voraussetzungen für ihr kreatives Schaffenkönnen und -müssen aufrechtzuerhalten oder immer wieder neu herzustellen. Eine in begrenztem Ausmaß ungesicherte, vulnerable intrapsychische Verfassung stellt für viele den Antrieb dar, in immer neuen, auch für andere sichtbar werdenden Kreationen ihre innere Welt zu stabilisieren.

An anderer Stelle (Grieser, 2004) habe ich am Beispiel von Freud, Kafka und Sartre beschrieben, wie diese mit der Sprache arbeitenden Männer sich kreativ an ihren Beziehungen zu ihren Vätern abarbeiteten. Alle drei nahmen zu Beginn ihres kreativen Weges marginal zu nennende Positionen in der Gesellschaft ein und hielten auch später bewusst oder unbewusst Konstellationen des Mangels und der Nichtbefriedigung ihrer Wünsche aufrecht, anstatt sich in geklärten, stabilen Verhältnissen einzurichten. Kafka beispielsweise beharrte ebenso auf seinem Bild eines übermächtigen Vaters wie auf der Unmöglichkeit, sich auf die ersehnte Beziehung zu einer Frau einzulassen. An die Stelle der realen Erfüllung der Wünsche trat bei diesen dreien die Erschaffung von in Sprache gefassten neuen Vorstellungswelten.

Die Situation des Mangels kann sich für den Kreativen so anfühlen wie für den Neurotiker der Hunger nach dem begehrten Objekt oder nach Anerkennung, nur mit dem Unterschied, dass sich der Kreative dies selbst erschafft. Dafür muss die Sehnsucht aufrechterhalten werden; so meinte der schon erwähnte junge Maler, wenn seine durch die Schlechtigkeit der Welt begründete Melancholie nicht mehr genügen würde, um kreativ zu bleiben, würde er selbst eine »künstliche Melancholie« erschaffen. Dahinter ist nicht nur, wie Niederland (1976) meint, ein lebensgeschichtlich zu verortender Mangel als Antrieb des kreativen Schaffens zu sehen, sondern darüber hinaus der sehr viel allgemeinere Mangel des animal symbolicum, nämlich die grundsätzliche Unmöglichkeit, die ursprünglichsten Wünsche im Rahmen der symbolischen Ordnung der Kultur zu befriedigen. Denn sobald man die mit anderen geteilten Symbole benutzen muss, wirkt in einem selbst schon das Andere der Kultur und evoziert, beim sensiblen Menschen, das Gefühl des Nichtauthentischen, der Urentfremdung. Und darauf reagieren die besonders kreativen Menschen stärker als andere.

Psychische Belastungen und Schwierigkeiten können den Antrieb zu kreativem Schaffen darstellen, doch ebenso kann die kreative Produktivität durch psychische Probleme beeinträchtigt und blockiert werden, was Klein (1957) im Zusammenhang mit dem Neid beschrieb. Kindheits- und spätere Traumata können mit Kreativität bewältigt werden, was Maud Mannoni (1991) am Beispiel von Edgar Allen Poe und Hans Christian Andersen aufzeigt, doch ebenso können psychische Belastungen den Möglichkeitsraum, aus dem heraus die kreative Schöpfung geschieht, verschließen: »Übermäßiges Leiden macht ebenso unkreativ wie übermäßige Saturiertheit« (Auchter, 2004, S. 54). Hingegen stellen für die »kleinere«, alltägliche wie für die »Größere«, herausragende Kreativität gute frühe Beziehungserfahrungen eine gute Grundlage dar, »sichere Bindung an die Eltern, aber auch feinfühlige Herausforderungen im Spiel [...], um beim Kind den Mut und die Ich-Stärke zur Eroberung neuer Lebensräume und zur Schaffung von reichen inneren Welten zu fördern« (Seiffge-Krenke, 2004, S. 104).

Entstehen und vergehen lassen

Oft muss zuerst ein Zustand der Leere im uterinen (Milner) oder Möglichkeitsraum ausgehalten werden können, bevor die Inspiration erscheint. Die Ideen tauchen auf, können nicht aktiv erschaffen werden, die Inspiration scheint aus bewusstseinsfernen Sphären zu kommen und kann das Subjekt wie eine mystische Erfahrung treffen. Manchmal geht der Inspiration eine existenzielle Krise voraus, die ermöglicht, dass »die kreative Kraft aus dem spirituellen Unbewussten fließen kann, das sowohl schöpft als auch heilt« (Kakar, 2016, S. 406). Der Urdu-Dichter Mirza Ghalib beschreibt die Quelle seiner Inspiration wie folgt: »Meine Gedanken kommen zu mir / Vom Jenseits irgendwo / Dann, wenn Ghalib eingestimmt ist / Mit der Musik der Sterne« (zit. n. Kakar, S. 406).

Je freier das Tun von Bewertung und Zielsetzung ist, desto leichter kann Neues geschehen, wie im Traum: Die Traumarbeit »denkt nicht, rechnet nicht oder urteilt in irgendeiner Weise, sie beschränkt sich darauf, den Dingen eine neue Form zu geben« (Bollas, 1993, zit. n. Holm-Hadulla, 2014, S. 520). Der kreative Prozess ist einfach am Werk, auch wenn sein Ziel nicht zu erkennen ist. So erzählt der Regisseur Luc Bondy: »Ich schreibe immer. Es muss kein Buch daraus werden. Ich schreibe so, wie man Klavier spielt. Es ist ein Bedürfnis. Manchmal notiere ich nur irgendwelche Beobachtungen. Oder ich bringe mein inneres Chaos in eine Form, meine Not« (Frankfurter Allgemeine Sonntagszeitung, 4.7.2010).

Doch für die Befruchtung des kreativen Prozesses ist es auch nötig, dass von außen etwas Drittes eingeführt wird, das dann eine überraschende Bewegung erzeugen kann. Ein Beispiel dafür ist Anselm

Kiefers (2015, S. 36 ff.) Arbeitsweise: »Ich schalte meinen künstlerischen Geist zunächst ab. Dann unterhalte ich mich mit dem vorläufigen Ergebnis. Ich betrachte das angefangene Bild kritisch. Und oft muss ich dann das Bild in einen Zustand versetzen, in dem ich nicht mehr an seiner Entstehung beteiligt bin.« »Ich lasse mich überraschen von dem, was herauskommt – das ist wichtig. Denn ich arbeite eigentlich nur, um überrascht zu werden. […] Es ist absolut notwendig, spielerisch wie ein Kind zu bleiben. Das ist die Kunst.«

Eine Gefahr für die Kreativität ist das Streben nach Vollendung und Perfektion, denn es birgt die Gefahr, der Verleugnung der Endlichkeit und Vergänglichkeit alles Lebendigen zu dienen und den kreativen Prozess zu blockieren. Das fertige Werk erscheint dem Schöpfer oft unvollkommen, woraufhin er ein nächstes in Angriff nimmt, was mit dem Prozesshaften des Lebens selbst zu tun hat, das immer Veränderung erzeugt und dessen Voranschreiten deshalb das gerade Vollendete schon nicht mehr vollkommen entspricht. Oft wirken scheinbar »perfekte« Produkte denn auch befremdend unlebendig und tot, wie die Ästhetik des Faschismus.

Einen anderen Anspruch verfolgt etwa die japanisch-buddhistische Ästhetik, die Vollkommenheit und Perfektion als Illusion betrachtet und deshalb zu große Harmonie, Wohlklang, Symmetrie oder Makellosigkeit ablehnt. In den Zen-Bildern bleibt die Mitte frei, der »Blick des Betrachters soll hingeleitet werden zu dieser zentralen Leere, die im Zen das Wesen der Dinge ausmacht« (Berzbach, 2013, S. 94). Die japanische Ästhetik betont das Unfertige und Offene und löst damit auch beim Rezipienten Gedanken über die Vergänglichkeit des Daseins aus.

Psychotherapie und Kreativität

Wenn die eigenen ungelösten psychischen Probleme als Garanten für das Weiterlaufen des kreativen Motors angesehen werden, wird eine mögliche Lösung dieser Schwierigkeiten zugleich als Bedrohung der Kreativität erlebt und vermieden. Deshalb soll Gustav Mahler nach einem Gespräch mit Freud von einer Analyse Abstand genommen haben (Lempa, 2018), Rainer Maria Rilke soll sich gegen eine Psychoanalyse entschieden haben, weil »mit den Dämonen auch die Engel ausgetrieben« (Stoffels, 2018, S. 243) werden könnten, und auch David Lynch (2006) verzichtete auf eine Therapie, als der Psychiater seine Befürchtung, dass die Therapie seine Kreativität beeinträchtigen könnte, bestätigt hatte.

Dieser Sorge liegt ein der Romantik verhaftetes Bild vom leidenden Genie zugrunde. Doch Leiden der Kunstschaffenden sind auch mit den prekären sozioökonomischen und politischen Verhältnissen plausibel zu erklären, unter denen viele zu leiden haben (Csikszentmihalyi, 1997). Auch Prinzhorn, der sich als Pionier mit der Kunst von Psychiatriepatienten beschäftigt hatte, kam zu dem Schluss, dass das Werk »nicht aus Gesundheit oder Krankheit, sondern aus Gestaltungskraft« (zit. n. Hartwich, 2018, S. 202) entstehe. Aus psychoanalytischer Sicht sieht ebenso Müller-Braunschweig (1974, S. 601) den künstlerischen Prozess als ein selbstständiges System, das »in relativer Unabhängigkeit von Störungen anderer Persönlichkeitsbereiche arbeiten kann«.

Die Erfahrung widerlegt die Befürchtungen, dass eine psychotherapeutische oder analytische Therapie der Kreativität schaden würde, in der Regel fördert sie die Möglichkeiten des Künstlers, sein Potenzial zu entfalten. Nur falls die künstlerische Produktivität selbst einen neurotischen Ursprung hat, wird »eine erfolgreiche Psychotherapie die bisherige Form der künstlerischen Produktivität in Frage stellen, allerdings die Kreativität des Künstlers insgesamt steigern« (Wirth, 2001, S. 35). In diesem Fall kann es aber auch passieren, dass er seine Kreativität lieber auf die weitere Entwicklung seiner Persönlichkeit und seines Lebens richtet und damit glücklicher wird. Auch Lempa (2018) hat nur geringe Bedenken, Künstler in Analyse zu nehmen. Beispiele für Künstler, die trotz oder dank psychotherapeutischer oder analytischer Behandlung erfolgreich waren, gibt es viele, denken wir nur an die Nobelpreisträger Samuel Beckett oder Hermann Hesse.

Doch der Therapeut sollte der Versuchung widerstehen, in einer Therapie die kreativen Produktionen der kunstschaffenden oder anders kreativ tätigen Patientinnen und Patienten als Material zu verwenden, denn sonst droht die kreative Produktivität beeinträchtigt zu werden. »Die Kunst eines Patienten sollte also sein Bereich sein und sein Bereich bleiben, etwas Drittes, das vom Analytiker respektiert und geschätzt und eben deshalb als ein Außerhalb der Therapie behandelt wird. […] Ein Therapeut, der in den Kunstwerken seines Künstler-Patienten tiefer liegende Bedeutungen entschlüsselt, läuft Gefahr, einen Übergriff zu begehen« (Lempa, 2018, S. 29). Seine eigene Kreativität kann der Therapeut darin verwirklichen, dass er die Entfaltung der Lebendigkeit des Patienten unterstützt und ihm ohne Neid das Schöpferische überlässt, das dabei entsteht.

Schlussgedanken

Zentral in einer psychodynamischen Beschreibung des kreativen Prozesses ist dessen krisenhafter Charakter und die damit verbundene Anforderung, Unsicherheit, Nichtwissen, Spannung und Leere tolerieren zu können, bis dann der inspirierende Gedanke auftritt und umgesetzt werden kann. Dies gilt für die »Größere« Kreativität des schöpferischen Menschen und für die »kleinere«, die Alltagskreativität, gleichermaßen. Bestehende Vorstellungen, Gewohnheiten und Konventionen müssen zumindest vorübergehend in Frage gestellt werden können, damit etwas Neues auftauchen kann. »Um kreativ werden zu können, um Möglichkeiten zu schaffen, muss – in den Worten Hölderlins – das Sein negiert, ein Nichtsein in Kauf genommen werden« (Küchenhoff, 2016, S. 157).

Weitere für die schöpferische Kreativität förderliche Qualitäten sind beispielsweise die Fähigkeit, zwischen verschiedenen Selbstzuständen zu fluktuieren und auch aus dissoziativen Zuständen wie Tagträumen oder ekstatischen Erfahrungen zum Alltagsselbst zurückzufinden. Besonders kreative Menschen vereinen denn interessanterweise auch häufig in sich scheinbar gegensätzliche Persönlichkeitszüge, »antithetische Merkmalspaare« (Csikszentmihalyi, 1997, S. 89 ff.). Sie können sowohl sehr energievoll als auch ruhig und entspannt sein, zugleich weltklug und naiv, diszipliniert und verspielt, können extrovertierte und introvertierte Persönlichkeitsanteile nebeneinander aufweisen, ebenso weibliche und männliche Eigenschaften, vereinen traditionsorientierte und rebellische Tendenzen und erleben Leid und Schmerz wie auch Freude gleichermaßen intensiv.

Unterschätzt wird oft die Wichtigkeit der Beharrlichkeit im kreativen Prozess, die Fähigkeit, dranzubleiben, auszuprobieren und zu üben, sich das handwerkliche Können anzueignen, das es erlaubt, das Hergebrachte zu dekonstruieren oder zu überwinden und den kreativen Impuls umzusetzen. Meist gilt es, sich zunächst das Alte anzueignen, um dann etwas Neues entwickeln zu können.

Literatur

Aira, C. (2019). Was habe ich gelacht. Berlin: Matthes & Seitz.
Arendt, H. (1958/2002). Vita activa oder Vom tätigen Leben. München: Piper.
Auchter, T. (2004). Die Ohnmacht der Gewalt und die Kraft des Schöpferischen. Trauma, Trauer und Kreativität. Psychosozial, 27, IV (98), 43–61.
Barthes, R. (1974). Die Lust am Text. Frankfurt a. M.: Suhrkamp.
Bayer, L. (2015). Heimatbilder – Zur Malerei Edward Hoppers. Psyche – Zeitschrift für Psychoanalyse und ihre Anwendungen, 69, 239–256.
Berger, J. (1973/1988). Glanz und Elend des Malers Pablo Picasso. Reinbek: Rowohlt.
Berger, J. (1985/1999). Das Sichtbare & Das Verborgene. Frankfurt a. M.: Fischer.
Berzbach, F. (2013). Die Kunst, ein kreatives Leben zu führen. Anregung zu Achtsamkeit. Mainz: Verlag Hermann Schmidt.
Bion, W. (1962/1990). Lernen aus Erfahrung. Frankfurt a. M.: Suhrkamp.
Bodin, C. (2018). Für die psychisch kranke Mindy Alper ist Kunst Lebensrettung. Art – Das Kunstmagazin, Mai, S. 19.
Bohleber, W. (2019). Von der Orthodoxie zur Pluralität. Kontroversen über Schlüsselbegriffe der Psychoanalyse. Göttingen: Vandenhoeck & Ruprecht.
Bolterauer, J. (2006). »Die Macht der Musik«. Psychoanalytische Überlegungen zur Wirkungsweise von Musik und ihren Wurzeln in der frühkindlichen Entwicklung. Psyche – Zeitschrift für Psychoanalyse und ihre Anwendungen, 60, 12, 1173–1204.
Botton, A. de (2008). Glück und Architektur. Von der Kunst, daheim zu Hause zu sein. Frankfurt a. M.: Fischer.
Bourgeois, L. (1998/2001). Destruction of the father – reconstruction of the father. Schriften und Interviews 1923–2000. Zürich: Ammann.
Brömsel, S. (2019). Fliegen und Fallen. Die fantastische Welt der Ilna Ewers-Wunderwald. Art – Das Kunstmagazin, April, 48–57.

Cassirer, E. (1944/2007). Versuch über den Menschen. Einführung in eine Philosophie der Kultur. Hamburg: Felix Meiner.
Csikszentmihalyi, M. (1997). Flow und Kreativität. Wie Sie Ihre Grenzen überwinden und das Unmögliche schaffen. Stuttgart: Klett-Cotta.
Deserno, H. (2006). Die gegenwärtige Bedeutung von Symboltheorien für die psychoanalytische Praxis und Forschung. In H. Böker (Hrsg.), Psychoanalyse und Psychiatrie. Geschichte, Krankheitsmodelle und Therapiepraxis (S. 345–358). Heidelberg: Springer.
Ehrenzweig, A. (1967/2008). Die drei Phasen der Kreativität. In H. Kraft (Hrsg.), Psychoanalyse, Kunst und Kreativität (3. Aufl., S. 75–86). Berlin: Medizinisch Wissenschaftliche Verlagsgesellschaft.
Ermann, M. (2001). Die Kreativität des Träumens. In A.-M. Schlösser, A. Gerlach (Hrsg.), Kreativität und Scheitern (S. 41–52). Gießen: Psychosozial-Verlag.
Freud, S. (1908e). Der Dichter und das Phantasieren. GW VII. Frankfurt a. M.: Fischer.
Freud, S. (1910c). Eine Kindheitserinnerung des Leonardo da Vinci. GW VIII. Frankfurt a. M.: Fischer.
Freud, S. (1911b). Formulierungen über die zwei Prinzipien des psychischen Geschehens. GW VIII. Frankfurt a. M.: Fischer.
Freud, S. (1913j). Das Interesse an der Psychoanalyse. GW VIII. Frankfurt a. M.: Fischer.
Freud, S. (1920g). Jenseits des Lustprinzips. GW XIII. Frankfurt a. M.: Fischer.
Freud, S. (1925d). Selbstdarstellung. GW XIV. Frankfurt a. M.: Fischer.
Gallnbrunner, M.-T. (2016). Bildgenese in der Kunsttherapie und in der Kunst. Eine Gegenüberstellung. Kunst & Therapie, 1, 28–41.
Grieser, J. (2004). Triangulierung, Vaterphantasie und Kreativität. Psyche – Zeitschrift für Psychoanalyse und ihre Anwendungen, 58, 411–447.
Grieser, J. (2011). Architektur des psychischen Raumes. Die Funktion des Dritten. Gießen: Psychosozial-Verlag.
Grieser, J. (2013). Der psychische Raum im Alter und der Tod. Psychotherapie & Sozialwissenschaft, 1, 103–127.
Grieser, J. (2018). Der Tod und das Leben. Vergänglichkeit als Chance zur Entwicklung von Lebendigkeit. Gießen: Psychosozial-Verlag.
Hartwich, P. (2018). Psychotische Künstler und kreative Therapien für Psychosekranke. In F. von Spreti, P. Martius, F. Steger (Hrsg.), KunstTherapie. Wirkung – Handwerk – Praxis (S. 201–214). Stuttgart: Schattauer.
Hinshelwood, R. D. (1989/1993). Wörterbuch der kleinianischen Psychoanalyse. Stuttgart: Klett-Cotta.

Holm-Hadulla, R. M. (2014). Kreativität. In W. Mertens (Hrsg.), Handbuch psychoanalytischer Grundbegriffe (4. Aufl., S. 517–522). Stuttgart: Kohlhammer.

Janus, L., Wirth, H.-J. (2000). Einleitung. In O. Rank, Kunst und Künstler. Studien zur Genese und Entwicklung des Schaffensdranges (S. 13–23). Gießen: Psychosozial-Verlag.

Jaques, E. (1965). Der Tod und die Krise der Lebensmitte. In E. Bott Spillius (Hrsg.), Melanie Klein heute. Entwicklungen in Theorie und Praxis, Bd. 2 (S. 301–331). Stuttgart: Verlag Internationale Psychoanalyse.

Kakar, S. (2016). Ist die Psychoanalyse auch eine spirituelle Disziplin? Analytische Psychologie, 47, 186 (4), 398–410.

Kiefer, A. (2015). »Ich male, wenn es nötig ist«. Art – Das Kunstmagazin, Dez., 22–38.

Klein, M. (1929/1985). Frühe Angstsituationen im Spiegel künstlerischer Darstellungen. In M. Klein, Frühstadien des Ödipuskomplexes. Frühe Schriften 1928–1945 (S. 44–54). Frankfurt a. M.: Fischer Taschenbuch Verlag.

Klein, M. (1930/1963). Die Bedeutung der Symbolbildung für die Ichentwicklung. In M. Klein, Das Seelenleben des Kleinkindes (2. Aufl., S. 36–54). Stuttgart: Klett.

Klein, M. (1957/1963). Neid und Dankbarkeit. In M. Klein, Das Seelenleben des Kleinkindes (2. Aufl., S. 225–242). Stuttgart: Klett.

Klitzing, K. von (2018). Sind psychodynamische Theorien zur Geschlechtsidentität obsolet? Kinderanalyse, 3, 202–216.

Kozbelt, A., Beghetto, R. A., Runco, M. A. (2010). Theories of creativity. In J. C. Kaufman, R. J. Sternberg (Eds.), The Cambridge handbook of creativity (pp. 20–47). New York: Cambridge University Press.

Küchenhoff, J. (2016). Loslassen und Bewahren: Erfahrungen in Zwischenräumen. Psyche – Zeitschrift für Psychoanalyse und ihre Anwendungen, 70, 154–179.

Lacan, J. (1953/1986). Funktion und Feld des Sprechens und der Sprache in der Psychoanalyse. Schriften I (S. 71–169). Weinheim: Quadriga.

Ladame, F. (2018). Le noyau mélancolique. Vortrag am Freud Institut Zürich, 9.11.2018.

Langer, S. K. (1942/1965). Philosophie auf neuem Wege. Frankfurt a. M.: Fischer.

Lempa, G. (2018). Darf man Künstler analysieren? Überlegungen zum Verhältnis von Kunst und Psychoanalyse. In F. von Spreti, P. Martius, F. Steger (Hrsg.), KunstTherapie. Wirkung – Handwerk – Praxis (S. 27–30). Stuttgart: Schattauer.

Lifton, R. J. (1979/1986). Der Verlust des Todes. Über die Sterblichkeit des Menschen und die Fortdauer des Lebens. München: Hanser.
Lorenzer, A. (1986). Tiefenhermeneutische Kulturanalyse. In A. Lorenzer (Hrsg.), Kultur-Analysen (S. 11–98). Frankfurt a. M.: Fischer.
Lynch, D. (2006/2016). Catching the big fish. Berlin: Alexander.
Mannoni, M. (1991). Amour, haine, séparation. Renouer avec la langue perdue de l'enfance. Paris: Denoël.
McDougall, J. (1979). Plädoyer für eine gewisse Anomalität. Gießen: Psychosozial-Verlag.
Meltzer, D., Williams, M. H. (1988/2006). Die Wahrnehmung von Schönheit. Der ästhetische Konflikt in Entwicklung und Kunst. Tübingen: edition diskord.
Milner, M. (1988). Zeichnen und Malen ohne Scheu: Ein Weg zur kreativen Befreiung. Köln: Dumont.
Müller-Braunschweig, H. (1974). Psychopathologie und Kreativität. Psyche – Zeitschrift für Psychoanalyse und ihre Anwendungen, 28, 601–634.
Müller-Braunschweig, H. (1977). Aspekte einer psychoanalytischen Kreativitätstheorie. Psyche – Zeitschrift für Psychoanalyse und ihre Anwendungen, 31, 821–843.
Nedo, K. (2018). Kampf der Körper. Art – Das Kunstmagazin, Juni, 44–53.
Niederland, W. G. (1976). Psychoanalytische Überlegungen zur künstlerischen Kreativität. Psyche – Zeitschrift für Psychoanalyse und ihre Anwendungen, 32, 239–354 (1978).
Otterbeck, C. (2007). Europa verlassen. Künstlerreisen am Beginn des 20. Jahrhunderts. Köln: Böhlau.
Pallasmaa, J. (2013). Die Augen der Haut. Architektur und die Sinne (2. Aufl.). Los Angeles: Atara.
Pines, S. (2018). Sugar-Daddy dankt ab. Neue Zürcher Zeitung, 24.9.2018, S. 31.
Ruff, W. (2001). Die Entwicklung von Religiosität als schöpferischer Prozeß. In A.-M. Schlösser, A. Gerlach (Hrsg.), Kreativität und Scheitern (S. 81–96). Gießen: Psychosozial-Verlag.
Sartre, J.-P. (1964). Die Wörter. Reinbek: Rowohlt 1968.
Schäfer, G. E. (2006). Spiel. https://www.hf.uni-koeln.de/data/eso/File/Schaefer/Vorlesung_Spiel.pdf (15.5.2019).
Segal, H. (1957/1995). Bemerkungen zur Symbolbildung. In E. Bott Spillius (Hrsg.), Melanie Klein heute. Entwicklungen in Theorie und Praxis, Bd. 1 (2. Aufl., S. 202–224). Stuttgart: Verlag Internationale Psychoanalyse.
Segal, H. (1991/1996). Traum, Phantasie und Kunst. Stuttgart: Klett-Cotta.

Seiffge-Krenke, I. (2004). Psychotherapie und Entwicklungspsychologie – Beziehungen, Herausforderungen, Ressourcen, Risiken. Berlin: Springer.

Shalev, Z. (2015). »Ich habe versucht, das Attentat nicht persönlich zu nehmen.« Der Bund, 24.10.2015.

Sloterdijk, P. (1998). Sphären I. Blasen. Frankfurt a. M.: Suhrkamp.

Sloterdijk, P. (1999). Sphären II. Globen. Frankfurt a. M.: Suhrkamp.

Smith, P. (2010). Just Kids. Die Geschichte einer Freundschaft. Köln: Kiepenheuer & Witsch.

Stefana, A. (2018). Zur Rolle der ästhetischen Erfahrung nach Marion Milner. Psyche – Zeitschrift für Psychoanalyse und ihre Anwendungen, 72, 50–71.

Stoffels, H. (2018). Das Künstlerische und das Therapeutische: Verbündete oder getrennte Welten? In F. von Spreti, P. Martius, F. Steger (Hrsg.), KunstTherapie. Wirkung – Handwerk – Praxis (S. 241–245). Stuttgart: Schattauer.

Vargas Llosa, M. (2019). Mein Traum ist es, zu sterben, während ich schreibe. Das Magazin, 20, 18.5.2019.

Weiss, P. (1981). Notizbücher 1971–1980. Frankfurt a. M.: Suhrkamp.

Winnicott, D. W. (1945/1983). Die primitive Gefühlsentwicklung. In D. W. Winnicott, Von der Kinderheilkunde zur Psychoanalyse (S. 58–76). Frankfurt a. M.: Fischer.

Winnicott, D. W. (1955/1983). Die depressive Position in der normalen emotionalen Entwicklung. In D. W. Winnicott, Von der Kinderheilkunde zur Psychoanalyse (S. 276–299). Frankfurt a. M.: Fischer.

Winnicott, D. W. (1958/1984). Psychoanalyse und Schuldgefühl. In D. W. Winnicott, Reifungsprozesse und fördernde Umwelt (S. 17–35). Frankfurt a. M.: Fischer.

Winnicott, D. W. (1960/1984). Ich-Verzerrung in Form des wahren und des falschen Selbst. In D. W. Winnicott, Reifungsprozesse und fördernde Umwelt (S. 182–199). Frankfurt a. M.: Fischer.

Winnicott, D. W. (1974). Vom Spiel zur Kreativität. Stuttgart: Klett-Cotta.

Wirth, H.-J. (2001). Das Menschenbild der Psychoanalyse: Kreativer Schöpfer des eigenen Lebens oder Spielball dunkler Triebnatur? In A.-M. Schlösser, A. Gerlach (Hrsg.), Kreativität und Scheitern (S. 13–40). Gießen: Psychosozial-Verlag.

Woolf, V. (1929/2001). Ein eigenes Zimmer. Frankfurt a. M.: Fischer.

Zulliger, H. (1952). Heilende Kräfte im kindlichen Spiel. Stuttgart: Klett.